MEDITAZIONI

DI MARCO AURELIO

Ricordi, Pensieri, Colloqui con Sé Stesso:

scopri l'Essenza della Saggezza Stoica

Marco Aurelio – Henry J. Parker

Traduzione di Federico C.

Disclaimer

Tutta l'erudizione contenuta in questo libro è data solo a scopo informativo ed educativo. L'autore non è in alcun modo responsabile dei risultati o degli esiti che derivano dall'uso di questo materiale. Sono stati fatti tentativi costruttivi per

fornire informazioni che siano accurate ed efficaci, ma l'autore non è vincolato all'accuratezza o all'uso/abuso di queste informazioni.

SOMMARIO

INTRODUZIONE

Nel cuore pulsante dell'Impero Romano, tra le sfide di un mondo in costante trasformazione, emerge la figura di Marco Aurelio: imperatore, filosofo e Uomo.

Marco Aurelio, nato il 26 aprile del 121 d.C. ad Anzio, vicino a Roma, è una delle figure più emblematiche e affascinanti del mondo antico. Figura poliedrica, fu non solo imperatore romano dal 161 al 180 d.C., ma anche un filosofo stoico, il cui pensiero e modus vivendi continuano a influenzare la cultura occidentale fino ai nostri giorni.

Cresciuto in un periodo di relativa pace all'interno dell'Impero Romano, Marco Aurelio fu adottato dall'imperatore Antonino Pio, suo zio, che lo preparò alla successione imperiale. La sua educazione fu curata e vasta, abbracciando studi di letteratura, arte, diritto e filosofia, in particolare quella stoica, che avrebbe profondamente influenzato non solo il suo pensiero ma anche il suo operato come sovrano. Salito al trono, Marco Aurelio si trovò a fronteggiare numerose sfide, tra cui invasioni barbariche, pestilenze e complotti interni. Nonostante le difficoltà, il suo regno è ricordato come uno degli apici della cosiddetta Pax Romana, un periodo di grande stabilità e prosperità per l'impero. Come imperatore, si distinse per la sua giustizia, la sua ricerca del benessere dei suoi sudditi e la sua capacità di mantenere l'equilibrio in un periodo caratterizzato da potenziali crisi.

Tuttavia, è forse nel campo della filosofia che Marco Aurelio lascia il segno più duraturo.

Il suo capolavoro, le "Meditazioni", scritto in greco durante le sue campagne militari, rappresenta non solo un diario personale di riflessioni e pensieri, ma anche un testamento della filosofia stoica e dei suoi insegnamenti. In quest'opera, Marco Aurelio esplora temi come la natura dell'universo, la mortalità, la virtù e l'uso della ragione, offrendo consigli su come vivere una vita retta e in armonia con il mondo che ci circonda.

La figura di Marco Aurelio, quindi, assume una dimensione che va ben oltre il ruolo tradizionale attribuito ai governanti del suo tempo. Incarnando l'ideale dell'uomo al potere che, malgrado le seduzioni inerenti alla sua carica e le innumerevoli sfide imposte dal fato, si adopera per vivere in accordo con principi morali universali, Marco Aurelio pone in primo piano il benessere collettivo, agendo sempre con il bene comune come stella polare delle sue decisioni. La sua esistenza e le sue azioni rappresentano una manifestazione concreta della filosofia stoica, facendo del suo retaggio un simbolo di saggezza, autocontrollo e integrità morale.

Marco Aurelio essendo vissuto durante il secondo secolo d.C., affrontò un periodo comunemente definito come l'apice dell'Impero Romano, noto anche come l'età d'oro degli Antonini. Quest'era, vide l'impero raggiungere il massimo della sua espansione territoriale e della sua stabilità interna. Tuttavia, nonostante la prosperità generale, fu anche un'epoca di sfide significative e di cambiamenti sotto la superficie. L'Impero, all'apice della sua estensione, si estendeva dall'Atlantico ai confini dell'attuale Iraq, comprendendo un vasto mosaico di popoli, lingue e culture. La gestione di tale diversità richiedeva abilità politiche notevoli e un sistema amministrativo efficace. L'economia romana, sostenuta da una rete commerciale estesa, da un'agricoltura produttiva e dall'estrazione di risorse, era al suo apogeo, ma non era esente da tensioni, specialmente per quanto riguarda le disparità sociali e la dipendenza dal lavoro schiavistico.

Sul fronte militare, il regno di Marco Aurelio fu segnato da conflitti continui. Le guerre marcomanniche, o guerre marcomanne, che lo videro impegnato per gran parte del suo regno, furono tra le più impegnative, con invasioni di tribù germaniche e sarmatiche lungo il limes danubiano. Questi conflitti non solo provarono le capacità militari di Roma ma anche la sua resilienza economica e sociale, con Marco Aurelio che dovette adottare misure straordinarie, come la vendita dei tesori imperiali, per finanziare l'esercito.

Un altro aspetto significativo del suo periodo fu la peste Antonina, una devastante epidemia che colpì l'impero nel 165 d.C., causando milioni di morti e mettendo ulteriormente sotto pressione la società e l'economia romane. La crisi sanitaria influenzò profondamente la vita quotidiana, la demografia e persino la composizione dell'esercito romano. In questo contesto complesso e sfidante, Marco Aurelio cercò di mantenere i principi di giustizia e saggezza, guidato dai valori stoici. Il suo regno rappresenta così un momento cruciale nella storia romana, un periodo di equilibrio tra la prosperità e le molteplici sfide, dove la figura dell'imperatore-filosofo emerge come un faro di saggezza e stabilità.

Nell'attuale panorama culturale, Marco Aurelio è venerato non soltanto come uno dei "Cinque Buoni Imperatori" che hanno segnato l'epoca d'oro dell'Impero Romano, ma emerge anche come un faro di guida spirituale per quanti aspirano a trovare serenità interiore e robustezza etica nel tumulto della vita moderna. La sua eredità è oggetto di studio, ammirazione e rispetto in una molteplicità di ambiti, spaziando dalla filosofia alla pratica della leadership, dimostrando come il suo pensiero abbia una risonanza universale che trascende i confini temporali e geografici. La trascendenza di Marco Aurelio risiede dunque nella sua capacità di coniugare la grandezza dell'ufficio imperiale con la profondità del pensiero filosofico, diventando un modello di condotta ispiratore sia per i leader contemporanei sia per le persone comuni. La sua figura continua a essere una chiave di lettura preziosa per interpretare e affrontare le complessità del vivere moderno, ponendosi come un ponte tra la saggezza antica e le sfide etiche ed esistenziali del nostro tempo. In questo senso, Marco Aurelio non è soltanto un personaggio storico da ammirare, ma un maestro di vita la cui eredità spirituale e intellettuale continua a illuminare il cammino dell'umanità verso la ricerca di un'esistenza più consapevole e armoniosa.

Nell'esplorare la vita di Marco Aurelio, non si può prescindere dal contesto filosofico che ne ha plasmato profondamente il pensiero e l'azione: lo stoicismo. Con le sue radici piantate saldamente nella Grecia ellenistica e i suoi rami estesi fino al cuore di Roma, è più di una semplice corrente filosofica: è un modo di vivere, un percorso verso la saggezza e l'equilibrio interiore che trascende le epoche e le culture. Questa corrente di pensiero, fondata da Zenone di Cizio nel III secolo a.C., propone una visione del mondo in cui la virtù, intesa come l'armonia con la ragione universale, rappresenta l'unico vero bene. Gli stoici, attraverso l'esercizio della disciplina del desiderio, dell'azione e dell'assentimento, mirano a una vita in cui la felicità non è soggetta alle mutevoli fortune o agli eventi esterni, ma deriva dalla serenità interiore e dalla saggezza. Nel tessuto della storia romana, poche figure incarnano i principi dello stoicismo come Marco Aurelio, il filosofo-imperatore. La sua vita, contrassegnata da responsabilità gravose e sfide monumentali, riflette la profonda adesione agli insegnamenti stoici. Marco Aurelio non si limita a teorizzare i concetti di equanimità, giustizia e coraggio, ma li mette in pratica nelle sue decisioni quotidiane, sia sul campo di battaglia che nei corridoi del potere. La sua opera, "Meditazioni", non è solo un monumento letterario, ma un manuale di vita stoica, un dialogo intimo tra l'imperatore e la sua coscienza, in cui la ricerca della virtù e dell'accettazione del destino si intrecciano in un insegnamento senza tempo.

Attraverso l'esempio di Marco Aurelio, lo stoicismo si rivela non come un astratto complesso di dottrine, ma come una guida pratica per affrontare le avversità della vita. Le sue meditazioni, impregnate di riflessioni su mortalità, natura umana e potere, offrono una chiave per comprendere come la filosofia stoica si applichi non solo nelle tranquille stanze dello studio, ma nel tumulto quotidiano dell'esistenza.

CAPITOLO 1: La natura della realtà e il ruolo dell'individuo

In un mondo costantemente in movimento, dove le certezze sembrano sfuggire come granelli di sabbia tra le dita, la ricerca di comprensione diventa un faro che guida l'umanità attraverso le tempeste dell'esistenza. Questo capitolo si apre sul vasto e complesso panorama della natura della realtà e del ruolo che noi, come individui, giochiamo all'interno di questo intricato disegno. È un invito a esplorare le profondità della nostra esistenza, a interrogarci sul significato delle nostre esperienze e sulla posizione che occupiamo nell'immensa trama dell'universo.

La domanda che ci poniamo sul rapporto tra l'individuo e la realtà che lo circonda è tanto antica quanto l'uomo stesso, risuonando attraverso i secoli nelle menti dei filosofi, degli artisti e dei cercatori di verità. In queste pagine, cerchiamo di affrontare questa domanda immortale, attingendo alla saggezza di figure storiche il cui pensiero ha attraversato il tempo, per offrire prospettive e riflessioni che possano illuminare il nostro cammino. Mentre ci addentriamo in questo esame, siamo invitati a considerare la realtà non solo come lo sfondo statico delle nostre vite, ma come un campo dinamico di possibilità, un luogo dove l'individuo può esprimere la propria volontà, forgiare il proprio destino e contribuire al tessuto collettivo dell'esistenza. Questa indagine ci porta a riflettere sul nostro potere e sulle nostre responsabilità, sulle connessioni invisibili che ci legano l'uno all'altro e all'universo più ampio.

Esploreremo le tensioni e le armonie tra libertà e determinismo, tra l'unicità dell'esperienza personale e l'universalità delle leggi naturali. Questo dialogo tra l'individuo e la realtà circostante è un viaggio verso la comprensione, un percorso che richiede curiosità, apertura mentale e, soprattutto, il coraggio di affrontare le grandi domande della vita.

Nel cuore della riflessione di Marco Aurelio vi è una profonda indagine sulla natura della realtà e sull'ubicazione dell'individuo all'interno di questo intricato disegno cosmico. Per l'imperatore-filosofo, compenetrato degli insegnamenti dello stoicismo, la realtà è un tessuto vivente governato dalla Logos, una razionale e ordinata forza che permea l'universo, stabilendo leggi naturali che assicurano l'armonia del cosmo. Nella visione di Marco Aurelio, ogni essere, ogni evento è intrinsecamente connesso in questo ordine universale, rendendo l'esistenza un flusso continuo in cui il singolo è intimamente legato al tutto. Nella visione cosmopolita di Marco Aurelio, l'essere umano si configura come un frammento intrinseco dell'immensa trama dell'esistenza, un filo intessuto nel vasto tessuto dell'universo. Questa percezione trascende la mera appartenenza fisica o spaziale, invitando a una profonda connessione spirituale e morale con l'ordine cosmico. Per l'imperatore-filosofo, comprendere il proprio ruolo all'interno di questo schema universale significa abbracciare un'esistenza che rispecchi la natura stessa, agendo in maniera tale che ogni pensiero, parola e azione siano in perfetta risonanza con le leggi che governano il cosmo.

Marco Aurelio enfatizza la responsabilità individuale di coltivare qualità interne che riflettano la maestosità e l'armonia dell'universo. L'adesione ai principi di giustizia, coraggio, moderazione e saggezza non è vista come un onere, ma come una liberazione, un modo per realizzare il proprio potenziale più elevato e per contribuire attivamente al benessere collettivo. In questo contesto, la virtù si trasforma da astrazione filosofica a palpabile espressione della vita quotidiana, un ponte tra l'individuo e l'immensità che lo circonda.

La visione stoica di Marco Aurelio propone quindi un'etica di profonda interdipendenza e reciprocità: il bene dell'individuo è inscindibilmente legato al bene dell'intero, e vivere virtuosamente significa innanzitutto riconoscere e onorare questa connessione. In tale prospettiva, la virtù diviene un atto di profondo rispetto verso l'ordine naturale, un impegno costante a riflettere nelle proprie azioni la bellezza e la complessità dell'universo. Questo allineamento non solo eleva l'individuo, ma contribuisce a tessere una realtà più coesa e armoniosa, dove ogni essere, nel vivere secondo natura, partecipa attivamente al disegno divino dell'esistenza.

Il concetto di accettazione gioca un ruolo centrale nel pensiero del Filosofo, infatti egli esorta a accogliere con serenità ciò che la realtà presenta, sia nel bene che nel male, vedendo nelle avversità non un'ingiustizia personale, ma una componente naturale del ciclo della vita. Questa accettazione non è passiva rassegnazione, ma un attivo allineamento con il corso degli eventi, un'espressione di fiducia nella saggezza dell'universo.

Nelle pagine delle sue "Meditazioni", Marco Aurelio non si limita a riflettere sull'esistenza; egli invita ogni lettore a intraprendere un viaggio interiore verso la scoperta e l'affinamento del sé. Questo percorso, secondo l'imperatore-filosofo, è intriso di una profonda responsabilità personale: non si tratta semplicemente di navigare attraverso la vita guidati da esterni codici di condotta, ma di esplorare e coltivare le ricchezze della propria anima. Attraverso la pratica costante dell'autodisciplina, l'individuo è chiamato a modellare la propria esistenza in modo che rispecchi la purezza e l'ordine della sua essenza razionale, anziché lasciarsi trascinare dalle correnti caotiche delle passioni irrazionali.

Per Marco Aurelio, la ricerca della virtù non è un mero esercizio accademico o un obbligo imposto dall'esterno. Piuttosto, è il fulcro attorno al quale ruota l'intera vita dell'individuo. Le virtù stoiche, saggezza, coraggio, giustizia, temperanza, non sono solo attributi da ammirare, ma vere e proprie bussole che guidano l'azione umana in ogni momento. L'aderenza a questi principi non solo nobilita l'individuo, ma lo allinea con la grande armonia dell'universo, facendogli assaporare una felicità autentica e duratura, impermeabile alle fluttuazioni della fortuna o alle circostanze avverse.

Questa concezione della felicità, per l'imperatore, è radicalmente diversa da quella comune, che spesso dipende da successi esterni, possedimenti o piaceri effimeri. La vera felicità, secondo Marco Aurelio, scaturisce da una coerenza interna, da un'esistenza vissuta in perfetto accordo con i propri valori più elevati. È una felicità che nasce dalla consapevolezza di essere in armonia con la propria natura più profonda e con le leggi universali che governano il mondo. In quest'ottica, la vita diventa un'opera d'arte, in cui ogni decisione, ogni azione, contribuisce a disegnare il ritratto di un'esistenza virtuosa. L'individuo, nel suo quotidiano farsi e rifarsi, è chiamato a essere scultore di sé stesso, plasmando la propria interiorità con la stessa dedizione e attenzione che un artista riserva alla sua creazione più preziosa. Questo processo di autoformazione e crescita interiore, sottolineato con vigore nelle "Meditazioni", pone l'accento sull'importanza di vivere una vita che sia non solo esteriormente rispettabile, ma ricca e autentica nel suo intimo tessuto, una vita in cui ogni pensiero, parola e gesto siano l'espressione sincera della propria essenza e del proprio impegno verso il bene supremo.

In definitiva, la riflessione di Marco Aurelio sulla natura della realtà e sul ruolo dell'individuo si radica nella convinzione che la vita umana abbia un significato intrinseco quando vissuta in armonia con il mondo. Ogni pensiero, ogni azione dell'individuo, è visto come un contributo alla melodia complessiva dell'esistenza, una nota suonata nella grande sinfonia dell'universo. Questa prospettiva invita a una profonda riflessione sull'essere e sul nostro posto nel cosmo, offrendo una guida per navigare le sfide della vita con equilibrio e saggezza.

Nella trama complessa della nostra esistenza quotidiana, ci imbattiamo continuamente in una vasta gamma di circostanze che mettono alla prova la nostra capacità di navigare attraverso decisioni difficili, suscitano una varietà di reazioni emotive e richiedono una serie di interazioni, sia con coloro che ci stanno vicini che con la società più ampia. Queste situazioni, che variano dalle piccole scelte di routine, come cosa mangiare per colazione o come gestire il pendolarismo mattutino, alle decisioni più significative e che cambiano la vita, come cambiare carriera o affrontare una crisi familiare, plasmano il nostro percorso e definiscono il nostro carattere. Inoltre, il modo in cui rispondiamo a questi eventi, sia internamente, attraverso i nostri stati emotivi e processi di pensiero, sia esternamente, attraverso le nostre azioni e le nostre parole, influenza non solo il nostro benessere personale, ma anche le dinamiche delle nostre relazioni e l'impatto che abbiamo sul mondo che ci circonda.

Ecco come i principi stoici possono guidarci nella comprensione e nell'azione all'interno della realtà quotidiana:

1. **Accettazione della realtà:** L'Accettazione della Realtà, secondo i principi stoici, si rivela come una potente strategia per affrontare le inevitabili incertezze e le sfide della vita quotidiana. Questa filosofia non invita alla passività o alla resa, ma piuttosto a una forma di resilienza interiore che permette di navigare attraverso le tempeste della vita con equilibrio e serenità. Nel contesto delle sfide moderne, come l'instabilità lavorativa, le perdite personali profonde o le crisi globali su scala senza precedenti come una pandemia, l'accettazione stoica può servire da ancora di salvezza. Quando ci troviamo di fronte a cambiamenti inaspettati sul lavoro, per esempio, la reazione iniziale può spaziare dalla negazione alla rabbia, dalla paura all'ansia per il futuro. Tuttavia, abbracciando l'approccio stoico, possiamo riconoscere questi cambiamenti come parti integranti del flusso della vita, sfide da affrontare piuttosto che calamità insormontabili. Invece di consumare le nostre energie resistendo al cambiamento, possiamo rivolgere la nostra attenzione e i nostri sforzi verso aspetti più produttivi, come l'adattamento alle nuove circostanze, l'apprendimento di nuove competenze o la ricerca di opportunità inaspettate che il cambiamento potrebbe portare. Nel caso di perdite personali, l'accettazione stoica ci insegna a riconoscere il dolore e il lutto come parti naturali dell'esistenza umana. Accettare la perdita non significa negare il dolore, ma piuttosto permettersi di sperimentarlo senza lasciare che definisca o sopraffaccia la nostra intera esistenza. Attraverso questa accettazione, possiamo trovare la forza di andare avanti, onorando la memoria di ciò che abbiamo perso, ma anche riconoscendo la capacità di crescere e trovare significato anche nel dolore. Di fronte a sfide globali come una pandemia, l'accettazione stoica può aiutarci a

mantenere una prospettiva equilibrata. Mentre la situazione può suscitare sentimenti di impotenza o paura, ricordare che alcuni aspetti sono semplicemente al di fuori del nostro controllo può portare a una maggiore pace interiore. Questo non significa abdicare alla responsabilità, ma piuttosto concentrare le nostre energie su azioni concrete e positive che possiamo intraprendere, come seguire le linee guida per la salute pubblica, sostenere la nostra comunità o semplicemente mantenere una routine quotidiana che promuova il benessere fisico e mentale. In sintesi, l'accettazione della realtà in chiave stoica non è una resa, ma un invito a impegnarsi pienamente nella vita, accettando con grazia ciò che non possiamo cambiare e agendo con vigore su ciò che possiamo influenzare. Questo principio, applicato alla vita quotidiana, ci offre una strada per navigare le acque talvolta turbolente dell'esistenza con dignità, resilienza e un profondo senso di pace interiore.

2. **Controllo interno:** Il principio del controllo interno è uno degli insegnamenti più trasformazionali dello stoicismo, offrendo una bussola per navigare le complessità della vita quotidiana con maggiore serenità e consapevolezza. Questa pratica stoica ci incoraggia a distillare la nostra attenzione sul nucleo delle nostre capacità personali, ovvero le nostre reazioni, i nostri pensieri e le nostre emozioni, che sono gli unici veri aspetti della nostra vita su cui abbiamo un controllo diretto. Nel contesto lavorativo, per esempio, le critiche possono spesso suscitare una risposta emotiva immediata, che può andare dalla difensiva al contrattacco, passando per il dispiacere. Tuttavia, adottando un approccio stoico, possiamo vedere tali momenti come opportunità per esercitare il controllo interno, facendo una pausa per valutare la situazione con calma e obiettività. Questo spazio di riflessione ci permette di decidere se e come la critica può essere costruttiva per la nostra crescita personale e professionale, trasformando un potenziale conflitto in un momento di apprendimento. Analogamente, nelle situazioni quotidiane di stress, come trovarsi bloccati nel traffico o affrontare tensioni familiari, il principio del controllo interno ci guida a riconoscere che, sebbene non possiamo cambiare le circostanze esterne, abbiamo il potere di modulare la nostra interpretazione e reazione a tali eventi. Invece di lasciarci sopraffare dall'irritazione o dall'ansia, possiamo scegliere di adottare una prospettiva più equilibrata, forse utilizzando il tempo inaspettato in coda per ascoltare un podcast educativo o per praticare la mindfulness, o avvicinandoci a una discussione familiare con empatia e apertura, cercando di capire le diverse prospettive piuttosto che imporre la propria. Questa capacità di controllo interno si estende anche alle sfide più ampie della vita, come la gestione della salute, delle finanze o delle relazioni personali. In ognuna di queste aree, gli eventi possono evolversi in modi inaspettati e talvolta indesiderati. Tuttavia, mantenendo un focus sulle nostre risposte interne, possiamo affrontare questi sviluppi con una mente chiara e un cuore saldo, scegliendo azioni che riflettano i nostri valori fondamentali e promuovano il nostro benessere a lungo termine. In ultima analisi, il controllo interno secondo lo stoicismo non riguarda la soppressione delle emozioni o l'indifferenza verso le circostanze della vita, ma piuttosto lo sviluppo di una forza interiore che ci consente di affrontare con dignità e intenzionalità qualsiasi situazione ci si presenti. Questo approccio non solo arricchisce la nostra esperienza personale, ma irradia anche una positiva influenza sul nostro ambiente, contribuendo a creare un mondo più pacifico e armonioso.

3. **Vivere secondo natura:** Vivere secondo natura, nel contesto dello stoicismo, ci invita a una profonda riflessione sulle nostre azioni e sulle scelte di vita quotidiana, spingendoci a considerare come queste si allineino con i principi di ragione e virtù. Questo orientamento filosofico può trasformarsi in una bussola morale che guida le nostre decisioni e i nostri comportamenti, assicurando che siano in armonia con i nostri valori più profondi e con la nostra essenza umana. Adottare abitudini di vita sane, ad esempio, non si limita soltanto alla cura del corpo attraverso l'esercizio fisico o una dieta equilibrata, ma si estende anche alla cura della mente e dello spirito. La pratica quotidiana della meditazione o della riflessione, il dedicare tempo alla lettura e all'apprendimento, o l'impegno in attività creative, sono tutte espressioni di un vivere in accordo con la nostra natura razionale e curiosa. Queste abitudini non solo contribuiscono al nostro benessere personale, ma migliorano anche la nostra capacità di interagire positivamente con gli altri e con il mondo circostante. Perseguire obiettivi significativi è un altro aspetto fondamentale del vivere secondo natura. Ciò implica identificare e dedicarsi a scopi che trascendono il mero interesse personale o il guadagno materiale, come il contributo al benessere della comunità, l'impegno in cause sociali o ambientali, o lo sviluppo di progetti che arricchiscono la vita altrui. Questo orientamento verso obiettivi che riflettono valori più elevati di giustizia, beneficenza e crescita collettiva, è l'incarnazione della virtù stoica nella pratica quotidiana. Comportarsi eticamente nelle relazioni con gli altri è forse uno degli aspetti più tangibili del vivere secondo natura. Questo si traduce nel trattare ogni individuo con rispetto, empatia e giustizia, riconoscendo la dignità intrinseca di ogni persona. Nelle interazioni quotidiane, ciò significa ascoltare attivamente, esprimere gratitudine, offrire supporto quando necessario e praticare la tolleranza e la pazienza. Anche gesti apparentemente piccoli, come un sorriso, un complimento sincero o un atto di gentilezza casuale, possono avere un impatto significativo, rafforzando il tessuto della nostra comunità e promuovendo un'atmosfera di reciproca cura e rispetto. In ultima analisi, vivere secondo natura ci sfida a considerare come ogni aspetto della nostra vita, dalle scelte quotidiane alle grandi decisioni, si allinei con i principi di ragione e virtù. Questo approccio non solo arricchisce la nostra esperienza personale, ma contribuisce a costruire una società più armoniosa e compassionevole, radicata nei valori stoici di saggezza, coraggio, giustizia e moderazione.

4. **Ruolo nell'universo:** Riconoscere il proprio ruolo unico nell'universo è un principio fondamentale dello stoicismo che ci invita a considerare la nostra posizione e il nostro impatto all'interno della vasta rete di relazioni e sistemi che compongono il mondo. Questa consapevolezza può influenzare profondamente la nostra condotta quotidiana, spingendoci a riflettere su come le nostre azioni, anche le più minute, contribuiscano al benessere collettivo e alla salute del pianeta. Prendersi cura dell'ambiente, ad esempio, è una manifestazione concreta di questo principio. Nella vita di tutti i giorni, questo può significare fare scelte consapevoli come ridurre il consumo di plastica monouso, preferire mezzi di trasporto più sostenibili come la bicicletta o il trasporto pubblico, o impegnarsi nel riciclaggio e nel compostaggio. Queste azioni, seppur individuali, quando moltiplicate per milioni di persone, possono avere un impatto significativo sulla salute del nostro pianeta, riflettendo il potere che ogni individuo possiede nel contribuire a un cambiamento

positivo su scala globale. Essere un membro attivo e positivo della propria comunità è un altro aspetto fondamentale del riconoscere il proprio ruolo nell'universo. Ciò può tradursi nel volontariato per iniziative locali, nella partecipazione a gruppi di supporto comunitario, o semplicemente nell'essere un vicino amichevole e disponibile. Queste azioni rafforzano i legami sociali e contribuiscono a creare una rete di supporto che può essere vitale nei momenti di bisogno, dimostrando come la cura e l'impegno individuale possano avere un impatto tangibile sul benessere collettivo. Contribuire al benessere di famiglia e amici con atti di gentilezza e supporto è un'estensione naturale di questa filosofia. Gli atti di gentilezza quotidiani, come ascoltare con attenzione, offrire parole di incoraggiamento, o aiutare in compiti pratici, possono non solo migliorare la qualità della vita di chi ci sta vicino, ma anche rafforzare il senso di connessione e appartenenza reciproca. In questo modo, ogni individuo, attraverso le proprie azioni e scelte, contribuisce a tessere il tessuto emotivo e sociale che sostiene e nutre le comunità. In sintesi, comprendere e agire in base al proprio ruolo unico nell'universo, secondo la prospettiva stoica, implica una responsabilità attiva nei confronti del mondo che ci circonda. Questo approccio alla vita quotidiana ci incoraggia a vivere con intenzionalità e a considerare l'impatto delle nostre azioni, grandi e piccole, sull'ambiente, sulla comunità e sul benessere di coloro che ci circondano. In questo modo, il principio stoico del ruolo nell'universo diventa una guida pratica per contribuire attivamente alla costruzione di un mondo più compassionevole, sostenibile e connesso.

5. **Resilienza e Adattabilità:** La resilienza e l'adattabilità, pilastri della filosofia stoica, sono virtù essenziali che ci permettono di navigare con grazia e forza attraverso le tempeste della vita. Questi principi non solo ci incoraggiano a mantenere la calma e la lucidità di fronte alle sfide, ma ci spingono anche a trasformare le avversità in opportunità di crescita e apprendimento. Nella pratica quotidiana, l'adozione di una mentalità resiliente e adattabile può manifestarsi in vari modi, influenzando profondamente il nostro percorso personale e professionale. La perdita di lavoro, ad esempio, può essere vissuta come un momento di crisi, ma anche come un'occasione unica per reimmaginare la propria carriera e esplorare nuove possibilità. L'approccio stoico ci invita a vedere oltre l'immediato impatto emotivo di tale evento, incoraggiandoci a valutare le nostre passioni, i nostri talenti e le potenziali direzioni future. Questo potrebbe significare l'impegno in corsi di formazione per acquisire nuove competenze, l'esplorazione di settori lavorativi diversi da quelli finora considerati, o persino l'avvio di un'attività imprenditoriale propria, trasformando una situazione difficile in un trampolino di lancio verso nuove avventure.

In un contesto sociale e relazionale, la resilienza e l'adattabilità si traducono nel trovare modi innovativi per coltivare e mantenere legami significativi, anche quando le circostanze esterne, come le restrizioni dovute a una pandemia o eventi di forza maggiore, impongono limitazioni fisiche. Ciò può comportare l'uso creativo della tecnologia per organizzare incontri virtuali, la condivisione di esperienze attraverso progetti collaborativi a distanza, o semplicemente l'intensificare la comunicazione attraverso lettere, messaggi o chiamate, rafforzando le relazioni nonostante gli ostacoli fisici. La resilienza e l'adattabilità ci insegnano inoltre a trovare serenità nel cambiamento, accettando che l'unico costante nella vita è proprio il cambiamento stesso. Questo principio stoico ci aiuta a rimanere centrati e focalizzati sui nostri valori fondamentali, anche quando il mondo intorno a noi sembra muoversi in direzioni imprevedibili. Invece di resistere al cambiamento, ci adattiamo e ci evolviamo con esso, trovando nuovi modi per esprimere la nostra essenza e perseguire i nostri obiettivi.

In sintesi, la resilienza e l'adattabilità non sono semplicemente strategie di sopravvivenza, ma sono invece modalità attive di ingaggio con la vita, che ci permettono di affrontare con coraggio e ottimismo le sfide che incontriamo. Adottando questi principi stoici nella nostra vita quotidiana, possiamo trasformare le avversità in gradini verso una maggiore realizzazione personale e un contributo più significativo al mondo che ci circonda.

In questo primo capitolo, dunque, le protagoniste sono state le profonde riflessioni di Marco Aurelio sulla natura della realtà e il ruolo dell'individuo, offrendoci preziose intuizioni su come vivere una vita allineata con i principi dello stoicismo. Attraverso l'esame della nostra connessione con l'universo e l'importanza di aderire a valori etici, siamo guidati verso una maggiore comprensione di noi stessi e del mondo che ci circonda. Questa base filosofica non solo arricchisce la nostra esperienza personale, ma ci fornisce anche gli strumenti per affrontare le sfide quotidiane con saggezza, virtù e equilibrio.

CAPITOLO 2: l rapporto tra ragione ed emozione

Nel cuore dell'esistenza umana giace una complessa tessitura di ragione ed emozione, due forze che modellano profondamente la nostra percezione del mondo e guidano il corso delle nostre vite. La danza tra il calcolo freddo della logica e il calore vibrante dei sentimenti è una dinamica fondamentale che ci definisce come esseri pensanti. Questo delicato equilibrio tra il pensare e il sentire è essenziale per la nostra navigazione attraverso le sfide quotidiane e le relazioni interpersonali, influenzando ogni aspetto del nostro essere nel mondo. La relazione tra ragione ed emozione è tanto antica quanto l'umanità stessa, eppure rimane un campo di incessante esplorazione e di rilevante attualità. Le emozioni, con la loro immediata forza, possono colorare la nostra esperienza e motivare le nostre azioni, mentre la ragione, con la sua lucidità, ci fornisce la capacità di analizzare, pianificare e comprendere. Eppure, nonostante le loro diverse modalità di operare, ragione ed emozione non sono entità isolate o in conflitto, ma piuttosto partner in un dialogo continuo che contribuisce alla nostra integrità e crescita personale.

In questo complesso interplay, emergono domande fondamentali: Come possiamo armonizzare questi aspetti apparentemente opposti della nostra natura? In che modo possiamo utilizzare la nostra capacità di ragionare per comprendere e regolare le nostre risposte emotive, trasformandole in alleati piuttosto che in ostacoli? E come possono le nostre emozioni arricchire il nostro pensiero, offrendoci una comprensione più profonda e sfumata della realtà?

Queste domande ci conducono in un viaggio di scoperta, dove esploreremo la natura intricata e interdipendente di ragione ed emozione. Scopriremo come, lavorando insieme, possono fornirci una guida preziosa per vivere vite più piene, più consapevoli e più armoniose.

Nel pensiero di Marco Aurelio e nell'ambito più ampio dello stoicismo, il rapporto tra ragione ed emozione rappresenta uno dei pilastri fondamentali per comprendere la natura umana e per perseguire una vita di virtù e saggezza. Queste rappresentano due forze che, sebbene spesso percepite in contrasto, nel suo pensiero trovano un punto d'incontro armonioso. Lontano dall'adottare una visione dualistica, l'Imperatore percepisce una sinergia profonda tra queste dimensioni dell'essere, in cui la ragione non sopprime l'emozione, ma la informa e la guida, come un faro che illumina la via in una notte buia. Questa visione si inserisce in un contesto più ampio, in cui la filosofia stoica vede l'universo governato da un logos, un principio razionale, che tutto permea e ordina. Per Marco Aurelio, l'anima umana è un microcosmo di questo ordine universale, e la ragione, la nostra parte più divina, ha il compito di allineare le nostre passioni e i nostri impulsi emotivi a questo ordine cosmico. In questo modo, la ragione assume un ruolo quasi sacerdotale, mediando tra l'umano e il divino, tra il caos delle emozioni e l'armonia dell'universo.

Questa concezione non relega le emozioni a un ruolo secondario o negativo, ma le riconosce come una parte essenziale dell'esperienza umana. Le emozioni, secondo Marco Aurelio, sono segnali, messaggeri che, se interpretati correttamente dalla ragione, possono arricchire la nostra comprensione di noi stessi e del mondo che ci circonda. La paura, la gioia, il dolore e l'amore diventano così non ostacoli da superare, ma esperienze da comprendere, da cui apprendere e attraverso cui crescere. In questo dialogo tra ragione ed emozione, Marco Aurelio vede la possibilità di una vita vissuta pienamente, in cui ogni sfida emotiva diventa un'opportunità per esercitare la virtù e per rafforzare il proprio carattere. Le tempeste emotive, lungi dall'essere semplici perturbazioni da sopportare, sono occasioni per la ragione di dimostrare la sua forza e la sua saggezza, guidando l'individuo verso un porto sicuro di serenità e comprensione interiore.

Questa visione richiede una costante vigilanza e un lavoro interiore, in cui la pratica della mindfulness e dell'auto-riflessione diventano strumenti cruciali per mantenere il dialogo tra ragione ed emozione. Marco Aurelio, con la sua enfasi sulla riflessione personale e sull'esame di coscienza, ci invita a coltivare una consapevolezza profonda delle nostre reazioni emotive, permettendo alla ragione di svolgere il suo ruolo di guida e custode della nostra interiorità. Così, la visione di Marco Aurelio del rapporto tra ragione ed emozione è una celebrazione della complessità umana, un invito a esplorare la ricca tessitura della nostra vita interiore con curiosità, rispetto e un profondo senso di fiducia nella capacità della ragione di navigare attraverso le emozioni, trasformando ogni esperienza, sia essa di gioia o di dolore, in un gradino verso la saggezza e la realizzazione personale.

Marco Aurelio, attraverso il suo approccio riflessivo e meditativo, ha affrontato con profondità la questione dell'impatto delle emozioni sulla nostra vita interiore e sulle nostre decisioni. Con una lucidità notevole, ha riconosciuto come le emozioni, se lasciate a sé stesse, possano offuscare il nostro giudizio, portandoci a scelte impulsive che possono allontanarci dalla via della virtù e della ragione. Per lui, era fondamentale non solo riconoscere la presenza e la forza delle emozioni ma anche imparare a navigarle con saggezza, per non essere travolti dalle loro correnti.

La serenità interiore, per Marco Aurelio, non era un obiettivo utopico o un ideale inaccessibile, ma piuttosto uno stato raggiungibile attraverso una costante pratica di auto-osservazione e di auto-disciplina. Questo processo di auto-esame e di moderazione emotiva richiedeva un costante impegno e una dedizione alla comprensione profonda di sé, in cui la ragione funge da bussola che guida l'individuo attraverso le tempeste emotive verso acque più tranquille. La sua visione non relegava le emozioni a un ruolo secondario, ma le considerava parte integrante dell'esperienza umana, elementi che, se ben compresi e armonizzati con la ragione, possono arricchire la nostra esistenza. In questo senso, le emozioni non dovevano essere represse o negate, ma piuttosto comprese, accettate e, quando necessario, trasformate attraverso la ragione. Questo approccio permette di vivere una vita più piena e autentica, in cui ogni esperienza emotiva diventa un'occasione di apprendimento e di crescita personale.

La capacità di mantenere l'equilibrio interiore di fronte ai desideri e alle avversioni, alle gioie e ai dolori, è una dimostrazione della saggezza pratica che Marco Aurelio cercava di incarnare e trasmettere. Questa saggezza non era distaccata dalla realtà quotidiana, ma profondamente radicata nelle sfide e nelle opportunità che la vita presenta. La ragione, quindi, non era vista come un freddo calcolatore, ma come una forza viva e dinamica, capace di dialogare con le emozioni, di comprenderle e, quando necessario, di moderarle.

In ultima analisi, per Marco Aurelio, la vera saggezza risiedeva nella capacità di vivere in armonia con se stessi, riconoscendo e accettando la complessa tessitura delle emozioni umane, ma guidandole con la luce della ragione. Questo equilibrio tra ragione ed emozione è fondamentale per navigare la vita con integrità, per prendere decisioni che riflettano i nostri valori più profondi e per vivere in modo autentico e significativo. La sua filosofia ci invita a riconoscere la bellezza e la forza delle nostre emozioni, ma anche a imparare l'arte di governarle con saggezza, per non essere mai schiavi dei nostri impulsi, ma piuttosto artefici consapevoli del nostro destino.

Il rapporto tra ragione ed emozione delineato da Marco Aurelio non riguarda solo l'autocomprensione e la gestione interna delle nostre turbolenze emotive; si estende significativamente all'ambito dell'etica e dell'azione nel mondo. La visione di Marco Aurelio evidenzia come la virtù, l'obiettivo supremo della filosofia stoica, emerga dall'armonia tra la nostra capacità di sentire profondamente e la nostra abilità di pensare con chiarezza. La virtù, quindi, non si manifesta solo in un'intellettuale comprensione del bene, ma anche in un'esperienza emotiva del giusto e del buono che guida le nostre azioni. Questa integrazione di ragione ed emozione si traduce in un modello di comportamento che riflette le virtù cardinali dello stoicismo: la saggezza, il coraggio, la giustizia e la temperanza. La saggezza diventa la conoscenza di come vivere bene, illuminata non solo dalla fredda logica ma anche dalla comprensione empatica del mondo; il coraggio non è solo l'audacia di fronte al pericolo, ma anche la forza di affrontare le proprie paure interiori e vulnerabilità; la giustizia trasforma l'etica da un insieme di regole in un modo di essere che rispetta profondamente gli altri come estensioni di sé; e la temperanza equilibra i nostri desideri e impulsi con una considerazione matura delle conseguenze delle nostre azioni.

Marco Aurelio, con la sua profonda umanità e la sua ricerca di una vita etica, ci mostra che comprendere e dialogare con le nostre emozioni non è un ostacolo alla ragione, ma un arricchimento. Le emozioni, quando guidate dalla ragione, possono fornire una forza motivante per l'azione virtuosa, rendendo il nostro impegno per il bene non solo un dovere razionale ma anche un impulso emotivo profondo. Questo legame tra il sentire e l'agire dona alle nostre azioni una genuinità e una profondità che superano la mera conformità alle norme etiche.

In questo contesto, egli propone un modello di vita in cui le decisioni e le azioni riflettono un intreccio di intelligenza emotiva e intellettuale, offrendo una risposta alle sfide della vita che è al contempo razionale e riccamente umana. Questa visione risuona fortemente con le preoccupazioni contemporanee riguardo l'integrità personale e la responsabilità sociale, suggerendo che la via per un'esistenza significativa e un'azione etica nel mondo passa attraverso la coltivazione di una profonda armonia tra la nostra vita interiore ed esteriore.

La filosofia di Marco Aurelio, in questo contesto, ci invita a considerare come ogni scelta e ogni atto possano essere infusi di una profonda consapevolezza e compassione. In un mondo spesso diviso tra il pensare e il sentire, Marco Aurelio ci offre una visione di coesione, in cui la mente e il cuore lavorano insieme per forgiare una vita di profonda virtù e autentico benessere, illuminando il cammino verso un'esistenza che celebra pienamente la complessità e la bellezza dell'essere umano. L'interazione dinamica tra ragione ed emozione, fondamentale nella visione stoica di Marco Aurelio, offre una guida preziosa per affrontare con saggezza e serenità gli alti e bassi della vita quotidiana. Questo equilibrio consapevole può aiutarci a navigare con maggiore chiarezza in situazioni complesse, migliorare le nostre relazioni interpersonali e gestire efficacemente le tensioni interne che spesso emergono di fronte agli ostacoli della vita.

Nel contesto lavorativo, per esempio, la capacità di mantenere un dialogo costruttivo tra ragione ed emozione può facilitare la gestione dello stress e dei conflitti. Di fronte a scadenze impegnative o feedback critici, l'approccio stoico ci incoraggia a valutare la situazione con oggettività, mettendo da parte reazioni emotive immediate che potrebbero offuscare il nostro giudizio. Questo non significa ignorare le nostre emozioni, ma piuttosto comprenderle e utilizzarle come informazioni aggiuntive nel nostro processo decisionale, permettendo una risposta più calibrata e strategica.

Nelle relazioni personali, l'armonia tra ragione ed emozione può promuovere una comunicazione più empatica e profonda. Di fronte a disaccordi o tensioni, prendersi un momento per riflettere sulle proprie emozioni e su quelle dell'altra persona, cercando di capire le motivazioni sottostanti, può aiutare a costruire ponti invece di muri. Questa apertura emotiva, guidata dalla ragione, può rafforzare i legami affettivi e favorire un clima di fiducia e comprensione reciproca.

Infine, nella gestione delle sfide personali, come la perdita, il cambiamento o l'incertezza, il bilanciamento tra ragione ed emozione si rivela particolarmente prezioso. Riconoscere e accettare le proprie emozioni, senza lasciarsi sopraffare da esse, e utilizzare contemporaneamente la ragione per cercare soluzioni pratiche o nuove prospettive, ci consente di affrontare le avversità con resilienza e apertura, trasformando le esperienze difficili in occasioni di crescita personale.

In definitiva, l'integrazione tra ragione ed emozione nella vita quotidiana, come suggerito dalla filosofia stoica, ci invita a una maggiore consapevolezza di noi stessi e delle dinamiche che governano la nostra esistenza, aprendoci a una vita più ricca, equilibrata e intenzionale, in linea con i nostri valori più autentici. Vediamo di seguito quali potrebbero essere le applicazioni dei principi stoici in questo contesto:

1. **Gestione dei conflitti interpersonali:** La gestione dei conflitti interpersonali attraverso l'applicazione di principi stoici, come la riflessione razionale e l'empatia, può trasformare potenzialmente le situazioni tese in opportunità di crescita e comprensione reciproca. Quando ci troviamo di fronte a disaccordi o malintesi, l'impulso immediato può essere quello di difendere strenuamente il proprio punto di vista, spesso lasciando che le emozioni, come la rabbia o la frustrazione, prendano il sopravvento. Tuttavia, proprio in questi momenti, la filosofia stoica ci invita a intraprendere un percorso diverso, più riflessivo e misurato. Fare un passo indietro in una situazione di conflitto richiede una pausa consapevole, un momento di silenzio in cui possiamo respirare e raccogliere i nostri pensieri. Questo distacco momentaneo dalle circostanze immediate ci consente di osservare la situazione con maggiore obiettività, valutando la verità e la validità delle nostre percezioni e reazioni. Da questo punto di vista più calmo e distaccato, siamo meglio equipaggiati per usare la ragione, non solo per analizzare le cause e le dinamiche del conflitto, ma anche per esplorare soluzioni costruttive che rispettino le esigenze e i sentimenti di tutte le parti coinvolte. Comprendere il punto di vista altrui è un aspetto fondamentale della risoluzione dei conflitti. Questo non significa necessariamente accettare o concordare con l'altra parte, ma piuttosto riconoscere e validare la loro esperienza e i loro sentimenti come reali e significativi. L'empatia, guidata dalla ragione, ci permette di vedere oltre il nostro ego e di considerare la situazione da una prospettiva più ampia. Spesso, questo approccio porta alla luce fraintendimenti o presupposti errati che possono essere chiariti attraverso una comunicazione aperta e onesta. Comunicare i propri pensieri e sentimenti in modo calmo e razionale è essenziale per trasformare

un potenziale confronto in un dialogo produttivo. Questo richiede l'uso di un linguaggio che eviti l'attribuzione di colpe e che esprima le proprie esigenze e preoccupazioni senza svalutare o attaccare l'altro. Una comunicazione efficace in una situazione di conflitto include l'ascolto attivo, la riflessione sulle parole dell'altro prima di rispondere e l'espressione di sé in termini di "io sento" piuttosto che di "tu sei", promuovendo così una maggiore comprensione e rispetto reciproco. In sintesi, applicando i principi stoici alla gestione dei conflitti interpersonali, possiamo trasformare questi momenti di tensione in opportunità per rafforzare le relazioni, per promuovere la crescita personale e per costruire comunità più coese e resilienti. Attraverso la riflessione razionale, l'empatia e una comunicazione attenta, possiamo navigare nei disaccordi con saggezza e grazia, trovando soluzioni che rispecchino i valori di giustizia, rispetto e comprensione mutua.

2. **Affrontare la pressione e lo stress:** L'affrontare la pressione e lo stress richiede un approccio equilibrato che tenga conto sia della dimensione emotiva sia di quella razionale del nostro essere, proprio come suggerito dalla filosofia stoica. In momenti di elevata tensione, come possono essere le scadenze lavorative opprimenti o le situazioni personali particolarmente stressanti, la nostra prima reazione può essere quella di cedere all'ansia o al panico. Queste reazioni, benché comprensibili, spesso non fanno altro che amplificare la sensazione di disagio, distogliendoci dalla capacità di agire efficacemente.

Il primo passo per gestire tali situazioni, seguendo l'insegnamento stoico, consiste nell'adottare una prospettiva più ampia, facendo una pausa per riflettere sulle cause reali del nostro stress. Questo momento di introspezione ci permette di distinguerlo in elementi esterni, che spesso non possiamo controllare, e in reazioni interne, che invece possiamo gestire. Tale distinzione è fondamentale perché ci ricorda che, sebbene non possiamo sempre influenzare gli eventi esterni, abbiamo il controllo su come scegliamo di rispondervi.

Riconoscere cosa è veramente sotto il nostro controllo è un potente antidoto allo stress. Ad esempio, non possiamo evitare una scadenza imminente, ma possiamo controllare come organizziamo il nostro tempo e le nostre risorse per rispettarla. Questo cambiamento di prospettiva ci permette di passare da una posizione di vittimismo, dove gli eventi esterni determinano il nostro stato d'animo, a una di responsabilità attiva, dove siamo noi a definire la nostra risposta alle sfide che affrontiamo.

Inoltre, ridimensionare le nostre reazioni emotive non significa sopprimerle o negarle, ma piuttosto comprenderle, accettarle e poi utilizzare la ragione per moderarle. Ad esempio, di fronte a una scadenza, è naturale sentirsi ansiosi; tuttavia, possiamo utilizzare questa emozione come segnale per iniziare a pianificare il nostro lavoro in modo più efficiente, anziché lasciare che ci paralizzi.

Infine, concentrarsi su azioni pratiche e razionali è il passo successivo per trasformare la pressione e lo stress da ostacoli a stimoli per l'azione. Definire obiettivi chiari, suddividere i compiti complessi in attività più gestibili, e dedicare tempo al riposo e alla cura di sé sono tutti esempi di come possiamo applicare la ragione per navigare efficacemente attraverso periodi di stress.

Incorporando questi principi nella nostra vita quotidiana, possiamo affrontare la pressione e lo stress non come minacce, ma come occasioni per esercitare la nostra resilienza, per affinare le nostre strategie di coping e per emergere da queste sfide con una maggiore forza interiore e una maggiore chiarezza su ciò che conta davvero per noi.

3. **Decisioni di vita importanti:** Nel percorso della nostra esistenza, ci troviamo regolarmente di fronte a decisioni di vita importanti, quelle svolte che possono alterare significativamente il corso della nostra vita, come cambiamenti di carriera, decisioni finanziarie impegnative, scelte relative alla famiglia o alla vita personale. In questi momenti cruciali, le emozioni, pur essendo una parte intrinseca della nostra esperienza umana, possono talvolta offuscare il nostro giudizio, portandoci a fare scelte guidate più da impulsi momentanei che da una valutazione ponderata delle nostre reali necessità e desideri. La filosofia stoica, valorizzando la razionalità e l'autocontrollo, ci offre preziosi strumenti per navigare in questi momenti con maggiore chiarezza e consapevolezza. Utilizzare la ragione in questi contesti significa prendersi il tempo per analizzare la situazione con obiettività, valutando attentamente i pro e i contro di ogni opzione. Questo processo razionale aiuta a distanziarsi dalle immediate reazioni emotive, permettendo una visione più ampia e bilanciata delle possibili conseguenze delle nostre scelte. Oltre alla mera analisi dei pro e contro, è fondamentale considerare le conseguenze a lungo termine delle nostre decisioni. In un mondo che spesso premia il successo immediato e la gratificazione a breve termine, prendersi il tempo per riflettere sulle potenziali ripercussioni future delle nostre scelte è un atto di saggezza e di responsabilità verso se stessi e verso gli altri. Questa prospettiva a lungo termine ci consente di allineare le nostre decisioni con i nostri obiettivi di vita più ampi e con i valori fondamentali che desideriamo incarnare. Infine, riflettere sui nostri valori e obiettivi più profondi è forse l'aspetto più cruciale nel processo decisionale. Ogni individuo possiede un insieme unico di valori e aspirazioni che definiscono chi è e cosa vuole realizzare nella vita. Tornare a questi principi fondamentali nel momento della scelta aiuta a garantire che le decisioni prese siano non solo razionali, ma anche profondamente autentiche, riflettendo la vera essenza del nostro essere. Adottando un approccio riflessivo e meditato, guidato dalla ragione ma informato dalle nostre emozioni, possiamo affrontare le grandi decisioni della vita con una maggiore sicurezza e serenità. Questo processo non solo aumenta le probabilità di conseguire risultati positivi, ma rafforza anche il nostro senso di coerenza interiore e di fedeltà a noi stessi, aspetti fondamentali per una vita piena e soddisfacente.

4. **Sviluppo personale e crescita:** Lo sviluppo personale e la crescita occupano un posto di rilievo all'interno della filosofia stoica, che vede nell'auto-miglioramento e nella realizzazione del proprio potenziale il percorso verso una vita di significato e virtù. Questo viaggio interiore richiede un'esplorazione attenta e continua delle profondità del nostro essere, mettendo in luce sia le nostre forze sia le nostre vulnerabilità, e offrendoci l'opportunità di trasformarci in maniera consapevole. La pratica stoica dell'esame razionale si estende al di là di una fredda analisi logica, abbracciando una comprensione profonda delle complesse dinamiche tra i nostri pensieri, le nostre emozioni e i nostri comportamenti. Riconoscere come specifici modelli di pensiero o reazioni emotive influenzino le nostre azioni quotidiane ci permette di individuare quelle abitudini che ci allontanano dalla nostra ideale versione di noi stessi. Questo processo di auto-osservazione e autoanalisi, lontano dall'essere un esercizio di autocritica sterile, è piuttosto un atto di cura verso sé stessi, un invito a crescere e a evolvere. Superare vecchi schemi dannosi richiede coraggio e

determinazione, qualità che la filosofia stoica esalta e promuove. Ogni passo compiuto per rompere il ciclo di abitudini negative o di pensieri autolimitanti è un passo verso la libertà personale e l'autorealizzazione. In questo percorso, le virtù stoiche come la pazienza, l'empatia e la forza d'animo diventano alleati preziosi. La pazienza ci insegna ad accettare il processo di crescita con tutte le sue sfide e i suoi ritmi; l'empatia, rivolta sia verso noi stessi sia verso gli altri, ci apre alla comprensione e alla connessione; e la forza d'animo ci dà la resilienza necessaria per affrontare e superare le avversità. La coltivazione di queste virtù non è un fine in sé, ma piuttosto un mezzo per vivere una vita più autentica e in armonia con i nostri valori più profondi. Attraverso la pratica quotidiana di riflessione, di impegno etico e di azione consapevole, possiamo gradualmente modellare il nostro carattere e la nostra vita in modi che riflettano la nostra aspirazione alla virtù e alla saggezza. Il percorso stoico verso lo sviluppo personale e la crescita non è un viaggio solitario o egoistico, ma una ricerca continua dell'eccellenza personale che ci permette di contribuire in modo significativo al mondo che ci circonda. Attraverso l'introspezione, la trasformazione personale e la coltivazione delle virtù, possiamo aspirare a diventare non solo la migliore versione di noi stessi, ma anche preziosi membri della nostra comunità, pronti a offrire saggezza, supporto e ispirazione a coloro che incrociano il nostro cammino.

5. **Ricerca della felicità e della serenità:** La ricerca della felicità e della serenità è un tema universale che attraversa culture e epoche, e la filosofia stoica offre una prospettiva unica e profondamente radicata nella saggezza interiore e nella realizzazione personale. In un mondo che spesso misura il successo e la felicità attraverso il possesso di beni materiali o il raggiungimento di status sociali, può essere allettante cercare la contentezza in questi fattori esterni. Tuttavia, questa ricerca esteriore spesso porta solo a una gioia effimera e superficiale, lasciandoci con un senso di vuoto e insoddisfazione. I principi stoici ci ricordano che la vera felicità non è una questione di circostanze esterne, ma di uno stato interiore di equilibrio, accettazione e armonia. Questo non significa che i beni materiali o i successi esterni siano irrilevanti, ma che la loro capacità di portare una gioia duratura è limitata se non sono integrati in un contesto di benessere interiore. La vera contentezza, secondo la visione stoica, emerge da un profondo senso di pace con se stessi, dall'accettazione della realtà così com'è e dall'armonia tra le nostre emozioni e la nostra capacità razionale di comprendere e navigare il mondo. Coltivare la gratitudine è uno dei modi più efficaci per riconnettersi con le fonti interne di felicità. Prendersi il tempo per riconoscere e apprezzare le piccole gioie della vita, le relazioni significative e le opportunità di crescita e apprendimento può trasformare profondamente la nostra percezione della realtà, spostando il focus dalle mancanze e dai desideri a ciò che già possediamo e che spesso diamo per scontato. La resilienza, un altro pilastro stoico, ci insegna a fronteggiare le sfide e le avversità con forza e flessibilità, trovando serenità nonostante le tempeste della vita. Questa forza interiore ci permette di affrontare le difficoltà con coraggio e determinazione, vedendo le avversità come opportunità per crescere e rafforzarsi. Infine, l'equilibrio emotivo, il delicato bilanciamento tra accettare e vivere pienamente le nostre emozioni senza lasciare che queste ci dominino, è essenziale per mantenere uno stato di serenità. Praticare l'autoconsapevolezza e l'autoregolazione emotiva ci aiuta a navigare nel flusso costante delle nostre esperienze emotive, permettendoci di rispondere agli eventi della vita con una maggiore pace interiore. In sintesi, ricordare che la felicità e la serenità sono radicate in uno stato interiore di armonia e accettazione ci permette di vivere una vita più ricca e soddisfacente,

orientata non verso la ricerca incessante di piaceri esterni, ma verso la coltivazione di un benessere profondo e duraturo

Incorporando questi principi stoici nella nostra vita quotidiana, possiamo aspirare a vivere in modo più consapevole e armonioso, affrontando le sfide con una mente chiara e un cuore aperto, e coltivando relazioni e scelte di vita che riflettono un profondo equilibrio tra la ragione e l'emozione.

Al termine di questo capitolo, ciò che possiamo dire è che il complesso rapporto tra ragione ed emozione, dal punto di vista di Marco Aurelio, evidenzia come la filosofia stoica possa guidare l'individuo verso un equilibrio armonioso. Attraverso la pratica dello stoicismo, siamo incoraggiati a governare le nostre emozioni con la ragione, non sopprimendole, ma comprendendole e dirigendole verso una vita virtuosa. Questo approccio non solo arricchisce la nostra comprensione interiore, ma migliora anche le nostre interazioni con il mondo esterno, permettendoci di vivere con maggiore serenità, resilienza e autenticità.

CAPITOLO 3: Il significato della vita e della morte

La vita e la morte rappresentano i due estremi dell'esistenza umana, temi universali che hanno da sempre ispirato filosofi, poeti e pensatori di ogni epoca e cultura. Questi concetti, intrinsecamente intrecciati, pongono domande fondamentali sulla natura dell'essere, sul senso dell'esistenza e sul nostro posto nel vasto tessuto dell'universo. La riflessione su vita e morte ci invita a esplorare il significato più profondo delle nostre esperienze, delle nostre relazioni e delle nostre aspirazioni, offrendoci la possibilità di affrontare con maggiore consapevolezza e saggezza le sfide e le opportunità che caratterizzano il nostro cammino terreno.

L'approccio di Marco Aurelio al significato della vita e della morte si distingue per la sua capacità di intrecciare le questioni quotidiane dell'esistenza con interrogativi filosofici più ampi e universali. La sua riflessione non si limita alla superficie delle esperienze umane, ma scava nelle fondamenta stesse dell'essere, ponendo domande sul posto dell'individuo nell'immensità dell'universo e sul significato intrinseco delle nostre azioni e del nostro passaggio terreno. In questo contesto, Marco Aurelio contempla la vita come un'opportunità per l'esercizio della virtù in armonia con il cosmo, una visione che riflette l'influenza dello stoicismo sulla sua filosofia personale. Per lui, la vita acquista significato non attraverso il conseguimento di successi esterni o il riconoscimento sociale, ma piuttosto attraverso l'adempimento dei doveri quotidiani con integrità, il perseguimento di relazioni autentiche e la dedizione a un'esistenza etica e morale. La vita, in questo senso, diventa un palcoscenico su cui dimostrare la propria virtù, nonostante le sfide e le incertezze che inevitabilmente si presentano. Questa visione della vita è inestricabilmente legata alla comprensione stoica della morte come ritorno all'ordine universale da cui siamo originati. La morte, lungi dall'essere un evento tragico o la fine dell'essere, è vista come una transizione naturale, un ritorno alle radici cosmiche da cui tutto deriva. Questa percezione elimina la paura e l'ansia legate alla fine della vita terrena, offrendo invece una prospettiva che enfatizza l'importanza di vivere ogni giorno con scopo e significato.

Il pensiero di Marco Aurelio ci invita, dunque, a riflettere sulle nostre priorità e sulle nostre scelte, incoraggiandoci a considerare come le nostre azioni quotidiane si inseriscono in un contesto più ampio e trascendente. Ci ricorda che, sebbene la nostra esistenza individuale possa apparire transitoria rispetto all'immensità del tempo e dello spazio, la qualità della nostra vita e il modo in cui scegliamo di vivere possono avere un impatto duraturo e significativo. La filosofia di Marco Aurelio, quindi, ci offre una visione della vita e della morte che trascende le preoccupazioni immediate e materiali, dirigendo la nostra attenzione verso la ricerca di un'esistenza autentica e virtuosa. Attraverso questo approccio, possiamo trovare una profonda serenità e scopo nel nostro viaggio terreno, arricchendo non solo la nostra vita ma anche il tessuto più ampio dell'esistenza umana.

Nella visione di Marco Aurelio, la vita è intessuta di una rete di doveri e virtù che si manifestano non solo nelle grandi scelte o negli eventi significativi, ma in ogni singolo istante del quotidiano. Questo impegno costante verso la virtù e il dovere si radica profondamente nella percezione stoica che la vera essenza della vita risieda nell'agire in armonia con la ragione universale, il logos che governa l'ordine naturale. La vita, dunque, diventa un'espressione continua di questa armonia, in cui ogni decisione, ogni azione, anche la più piccola, contribuisce a tessere il tessuto di una esistenza virtuosa.

Per Marco Aurelio, l'esercizio della virtù e il compimento del dovere non sono mere aspirazioni ideali, ma realtà concrete che prendono forma nella gestione quotidiana di pensieri ed emozioni, nel modo in cui interagiamo con gli altri, nelle scelte che facciamo di fronte alle sfide. Questa prospettiva trasforma la quotidianità in un campo di pratica filosofica, dove la saggezza non è distaccata dalla realtà vissuta, ma è incarnata nelle azioni di ogni giorno.

La citazione "Cancella l'opinione, e tu cancellerai la lamentele di colui che si lamenta di essere danneggiato" contenuta nella sua grande opera "Le Meditazioni" riflette la convinzione che molte delle nostre sofferenze derivino non tanto dagli eventi esterni, ma dalle opinioni e dai giudizi che formuliamo su di essi. Egli ci invita a esaminare e, se necessario, a rivedere le nostre convinzioni e atteggiamenti interiori, ricordandoci che abbiamo il potere di modellare la nostra esperienza della realtà attraverso la percezione e la reazione che scegliamo di adottare.

Questo approccio alla vita richiede un attento esame di sé e un impegno costante per mantenere la propria condotta in linea con i principi etici e morali. Significa affrontare le avversità con equanimità, trattare gli altri con giustizia e compassione, e perseguire il bene comune oltre l'interesse personale. La vita, così concepita, diventa un viaggio di crescita interiore e di contributo al mondo circostante, dove il significato più profondo è trovato nel vivere in conformità con i valori più elevati.

In definitiva, per Marco Aurelio, vivere bene significa imbracciare ogni giorno la responsabilità di scegliere la virtù, di agire con integrità e di affrontare con serenità ciò che è oltre il nostro controllo. Questa visione della vita come un'espressione attiva della virtù e del dovere offre una bussola per navigare l'esistenza con dignità, saggezza e un profondo senso di scopo.

L'interpretazione stoica della morte, così come articolata da Marco Aurelio, invita a una profonda riflessione sul ciclo della vita e sul nostro posto nell'ordine universale. Questa concezione non solo mitiga il timore ancestrale della morte ma offre anche una prospettiva rasserenante sulla natura effimera dell'esistenza. Vedere la morte come un ritorno all'universo implica una visione del vivere e del morire come parti di un processo continuo e armonioso, in cui ogni fase ha il suo significato e la sua bellezza. Questa accettazione della morte come parte integrante della vita porta con sé un rinnovato apprezzamento per ogni istante vissuto. La consapevolezza della nostra mortalità diventa un potente stimolo a vivere con autenticità e determinazione, spingendoci a dare il meglio di noi stessi in ogni circostanza. La frase di Marco Aurelio, "È parte della vita cessare di vivere", ci ricorda che la morte non è un evento estraneo o distante, ma un aspetto fondamentale dell'esperienza umana che conferisce valore e urgenza alle nostre scelte quotidiane.

Questa prospettiva sulla morte incoraggia una vita vissuta con intenzionalità, dove ogni azione, ogni parola e ogni pensiero sono espressioni consapevoli della nostra esistenza temporanea. La transitorietà della vita non è vista con disperazione, ma come una chiamata a concentrarsi su ciò che è veramente importante: lo sviluppo delle virtù, il mantenimento di relazioni significative e l'impegno in cause più grandi di noi stessi.

Inoltre, la visione stoica della morte promuove una serenità interiore che permette di affrontare le sfide e le avversità con equilibrio e coraggio. Sapere che la morte è un ritorno all'ordine cosmico da cui siamo emersi ci offre una solida base di pace interiore, da cui possiamo attingere forza nei momenti di difficoltà. Questo senso di pace nasce dalla fiducia nell'ordine naturale delle cose e dalla convinzione che, anche nella morte, siamo parte di un disegno più grande che trascende la nostra esistenza individuale.

Per Marco Aurelio e lo stoicismo, quindi, la morte non è un confine da temere, ma un promemoria della preziosità della vita. Questa consapevolezza ci spinge a vivere con maggior pienezza, a cercare la virtù e a lasciare un'impronta positiva nel mondo, abbracciando la vita con gratitudine e vivendola con uno scopo chiaro, sapendo che in ultima analisi faremo ritorno all'armonia universale da cui siamo venuti.

L'approccio di Marco Aurelio all'intersezione tra vita e morte, radicato nella filosofia stoica, offre una visione illuminante sull'esistenza umana, incoraggiando un approccio alla vita che è tanto pragmatico quanto spirituale. Questa riflessione sulla transitorietà non ci induce a un senso di futilità, ma piuttosto a un apprezzamento più profondo per il momento presente e per le opportunità che esso offre per agire virtuosamente e lasciare un segno positivo nel tessuto del mondo.

Questa consapevolezza dell'effimera natura della vita spinge a un'esistenza intenzionale, dove ogni scelta e azione diventano espressioni di un impegno più ampio verso il bene e la giustizia. La vita, vista attraverso questa lente, si trasforma in una serie di momenti preziosi, ognuno dei quali offre la possibilità di contribuire alla bellezza e all'ordine dell'universo. Questo impegno quotidiano verso la virtù e il significato non è un peso, ma una fonte di gioia e soddisfazione, sapendo che anche gli atti più piccoli possono avere risonanze lontane. Inoltre, la consapevolezza dell'impermanenza e dell'interconnettività di tutte le cose rafforza il senso di responsabilità nei confronti degli altri e dell'ambiente. Riconoscere che siamo parte di un tutto più grande e che le nostre azioni hanno ripercussioni che vanno oltre il nostro immediato campo di esperienza ci motiva a vivere con compassione, rispetto e cura per il mondo che ci circonda. Questo approccio etico alla vita rafforza i legami comunitari e promuove un senso di solidarietà che trascende le barriere individuali.

La contemplazione della morte, in questo contesto, diventa un potente catalizzatore per l'esame di coscienza e per la valutazione delle priorità. Ci invita a chiederci quali tracce vogliamo lasciare, quali valori vogliamo promuovere e come vogliamo essere ricordati. Questo processo di riflessione non solo arricchisce la nostra esperienza personale, ma ci spinge anche a contribuire attivamente al benessere collettivo, lasciando un'eredità di virtù e di azioni positive.

Dunque, l'intersezione tra la vita e la morte, secondo Marco Aurelio, ci invita a una profonda riflessione sull'esistenza e sul nostro posto nel mondo. Ci incoraggia a vivere ogni giorno con piena consapevolezza e intenzionalità, impegnandoci in azioni che riflettano i nostri principi più elevati e contribuiscano all'armonia e alla bellezza dell'universo. Questa visione della vita come un percorso di significato e di contributo etico offre una prospettiva rasserenante e motivante su come navigare l'esistenza umana. La sua visione riguardo al significato intrinseco della vita e della morte ci esorta a percorrere il cammino dell'esistenza con una profonda consapevolezza della nostra transitorietà e del nostro potenziale di lasciare un segno duraturo nel tessuto del mondo. Vedere ogni giorno come un tesoro da valorizzare ci incoraggia a vivere con un'intensità e un proposito che trascendono le preoccupazioni quotidiane, spingendoci a riflettere sulle nostre azioni e sulle loro conseguenze oltre il qui e ora. Questa comprensione ci porta a riconoscere il valore intrinseco di ogni istante, incentivandoci a operare scelte che non siano guidate da impulsività o da desideri effimeri, ma che siano invece radicate in una visione più ampia e altruistica dell'esistenza. Il nostro percorso terreno, benché breve nel contesto dell'eternità cosmica, ha la capacità di influenzare profondamente il mondo che ci circonda, dalle relazioni interpersonali all'impatto sul nostro ambiente.

Il messaggio di Marco Aurelio è un invito a trascendere la nostra percezione individuale, spesso limitata, per abbracciare una visione più olistica dell'esistenza, dove il bene personale si intreccia indissolubilmente con il bene comune. Vivere in questo modo significa assumere un ruolo attivo nella co-creazione di un mondo che rifletta i valori di giustizia, empatia e armonia, valori che sono al cuore della filosofia stoica e che risuonano con urgenza anche nei tempi moderni. Attraverso le nostre azioni quotidiane, piccole o grandi che siano, possiamo contribuire a tessere una rete di positività e cambiamento che, sebbene possa sembrare insignificante nel breve termine, si accumula nel tempo per creare un impatto significativo. Questo processo di contribuzione attiva all'ordine cosmico non solo conferisce un profondo senso di scopo alla nostra vita, ma ci lega anche agli altri in una comunità di intenti, dove la ricerca della virtù diventa un'aspirazione condivisa. L'eredità di Marco Aurelio ci ricorda che, nonostante le inevitabili sfide e sofferenze che caratterizzano l'esistenza umana, abbiamo sempre la capacità di scegliere come rispondere alle circostanze della vita. Scegliere la virtù, l'integrità e l'amore nei nostri pensieri, parole e azioni è forse il contributo più significativo che possiamo offrire, un lascito che, sebbene possa non essere ricordato nei secoli, arricchisce indubitabilmente il tessuto dell'umanità e dell'universo stesso.

La vita, nella sua straordinaria diversità e complessità, è un dono ricco di possibilità, un viaggio attraverso il quale siamo chiamati a crescere, ad amare, a soffrire e a gioire. Ogni esperienza, ogni incontro, ogni scelta diventa parte del mosaico che compone la nostra esistenza, invitandoci a riflettere sulle nostre priorità, sui nostri valori e sulle nostre azioni. La consapevolezza della finitezza della vita e della sua preziosità può ispirarci a vivere con maggiore pienezza e intenzionalità, cercando di realizzare il nostro potenziale e di contribuire, nel nostro piccolo, al benessere collettivo.

In un mondo che si muove a ritmi frenetici, dove l'attenzione è spesso frammentata e dispersa tra mille distrazioni, la consapevolezza della nostra transitorietà può fungere da bussola, guidandoci verso scelte più consapevoli e autentiche. Questo senso di urgenza non deve essere visto come una fonte di ansia, ma piuttosto come un invito a focalizzarsi su ciò che realmente conta, a dedicare tempo e energia alle passioni che ci animano, alle persone che amiamo e alle cause che ci stanno a cuore.

Nell'era digitale, dove la vita sembra scorrere attraverso schermi e connessioni virtuali, la riflessione sulla morte e sulla finitezza della vita assume un'importanza ancora maggiore. Ci ricorda di alzare lo sguardo, di abbracciare l'imperfezione e la fragilità dell'esistenza reale, di trovare bellezza nei piccoli dettagli e di cercare connessioni autentiche al di là delle interfacce digitali. La consapevolezza della morte ci spinge a ricercare un significato più profondo nelle nostre relazioni, a costruire legami basati sulla presenza, sull'ascolto e sulla condivisione genuina di esperienze.

La morte, dal canto suo, è un mistero che si staglia all'orizzonte di ogni vita, il punto finale di ogni percorso terreno, ma anche un orizzonte che invita alla riflessione sulla transitorietà e sull'effimero. La contemplazione della morte può essere fonte di timore, ma anche di ispirazione, spingendoci a valutare ciò che è veramente importante e a concentrarci su ciò che lasciamo dietro di noi: i ricordi, le opere, l'impatto delle nostre azioni sugli altri e sul mondo. In questo contesto, il legame tra vita e morte diventa una fonte di motivazione per impegnarsi in un percorso di crescita personale e di contributo alla comunità. La finitezza della nostra esistenza ci invita a superare le nostre paure, a uscire dalle nostre zone di comfort e ad abbracciare le sfide come opportunità per apprendere e evolvere. Ci incoraggia a essere protagonisti attivi della nostra vita, a fare scelte coraggiose e a perseguire i nostri sogni con determinazione e passione.

Allo stesso tempo, la consapevolezza della morte ci ricorda di vivere con gentilezza e compassione, riconoscendo che ogni persona che incontriamo sta affrontando la propria battaglia, ogni vita è preziosa e ogni addio potrebbe essere definitivo. Questo ci spinge a trattare gli altri con cura e rispetto, a valorizzare i momenti condivisi e a lasciare un'impronta positiva attraverso le nostre interazioni. Ma in che modo si possono applicare questi concetti nella vita quotidiana?

1. **Vivere il presente con intenzionalità:** Vivere il presente con intenzionalità è un concetto fondamentale che permea non solo la filosofia stoica ma anche molte pratiche di mindfulness moderne. Questo principio invita a una piena immersione nelle esperienze del momento, abbracciando ogni aspetto della vita con consapevolezza e partecipazione attiva. In un'epoca caratterizzata da distrazioni continue e da una costante pressione verso la produttività, ritagliarsi lo spazio per essere veramente presenti può trasformare radicalmente la qualità della nostra esistenza.

   Questa intenzionalità nel vivere il presente si estende oltre le interazioni umane o le attività che riempiono le nostre giornate. Si tratta anche di prestare attenzione ai dettagli che spesso diamo per scontati: il sapore del cibo che mangiamo, la sensazione dell'aria sulla pelle, il suono del vento tra le foglie. Riscoprire questi semplici piaceri può arricchire enormemente la nostra esperienza quotidiana, rendendoci più radicati nel qui e ora e meno inclini a essere travolti dall'ansia per il futuro o dal rimpianto per il passato.

   Adottare un approccio intenzionale alla vita significa anche essere consapevoli delle nostre scelte e delle nostre reazioni. Invece di lasciarsi guidare da abitudini automatiche o da reazioni emotive impulsive, possiamo utilizzare la nostra capacità di riflessione per rispondere agli eventi in modo più misurato e ponderato. Questo non solo può migliorare i nostri rapporti con gli altri, ma può anche aiutarci a sentirsi più in controllo della nostra vita, riducendo lo stress e aumentando il senso di autoefficacia.

   Inoltre, vivere con intenzionalità ci incoraggia a stabilire priorità chiare e a dedicare tempo e risorse a ciò che riteniamo veramente importante. Che si tratti di coltivare relazioni significative, di perseguire obiettivi personali o professionali, o di dedicarsi a hobby e passioni, scegliere consapevolmente come impiegare il nostro tempo può portare a una maggiore soddisfazione e realizzazione personale.

Abbracciare la filosofia stoica del vivere il presente con intenzionalità può servire da antidoto contro la frenesia e la superficialità che spesso caratterizzano la vita moderna. Ci invita a rallentare, ad apprezzare profondamente ogni momento e a vivere in modo più connesso e significativo, con un profondo senso di gratitudine per il dono prezioso dell'esistenza.

2. **Affrontare le avversità con equanimità:** Affrontare le avversità con equanimità, come suggerito dalla filosofia stoica, è un approccio che invita a una profonda resilienza interiore. La consapevolezza della transitorietà delle nostre esperienze può offrire una fonte di forza e di calma, permettendoci di navigare le tempeste della vita con una serenità radicata e una visione chiara. Questa prospettiva ci permette di distinguere tra ciò che è effimero e ciò che possiede un valore duraturo, aiutandoci a dare priorità alle nostre energie e alle nostre azioni in modo più efficace.

Quando ci troviamo di fronte a ostacoli o sfide, l'approccio stoico ci incoraggia a fare un passo indietro e a valutare la situazione con oggettività. Ci spinge a chiederci: "Cosa posso imparare da questa esperienza? Come posso utilizzare questo ostacolo come un'opportunità per crescere?" Invece di lasciarci sopraffare dalle emozioni negative o dal senso di impotenza, possiamo utilizzare la situazione come un catalizzatore per lo sviluppo personale e la maturazione.

Questo modo di affrontare le difficoltà ci spinge anche a riconoscere e a valorizzare le reti di supporto che ci circondano. La filosofia stoica, pur enfatizzando l'importanza dell'autosufficienza e del controllo interno, riconosce anche il valore della comunità e dell'interdipendenza. Affrontare le avversità con equanimità significa anche saper chiedere aiuto quando necessario, condividere le proprie esperienze e ascoltare le storie degli altri, creando un senso di solidarietà e di supporto reciproco.

Inoltre, mantenere una prospettiva equilibrata di fronte alle sfide ci permette di apprezzare la bellezza e il valore degli alti e bassi della vita. Ogni esperienza, sia positiva che negativa, contribuisce alla ricchezza del nostro viaggio personale, offrendoci lezioni preziose e momenti di introspezione che arricchiscono il nostro tessuto interiore.

Adottare una visione stoica delle avversità ci insegna, in ultima analisi, l'arte di vivere con grazia. Ci insegna che, sebbene non possiamo sempre controllare gli eventi esterni, abbiamo il potere di scegliere come rispondervi. Questa capacità di affrontare la vita con equanimità e resilienza non solo migliora la nostra esperienza individuale, ma ci permette anche di essere una fonte di forza e di ispirazione per coloro che ci circondano, contribuendo a costruire un mondo più consapevole e compassionevole.

3. **Dare priorità alle relazioni significative:** La consapevolezza della finitezza della vita può agire come un potente catalizzatore per riconsiderare e rafforzare le nostre relazioni interpersonali. In un mondo dove spesso ci si può sentire sopraffatti dalle responsabilità quotidiane e dalle distrazioni digitali, prendersi il tempo per coltivare legami significativi diventa un atto deliberato di amore e cura. Questo principio stoico, che enfatizza l'importanza della qualità delle relazioni

rispetto alla quantità, ci invita a investire il nostro tempo e la nostra energia nelle interazioni che arricchiscono la nostra vita e quella degli altri.

Essere più presenti nei nostri rapporti significa ascoltare attivamente, senza giudicare o distrarsi, e mostrare un autentico interesse per le esperienze, i pensieri e i sentimenti degli altri. Questo tipo di presenza, alimentata dalla consapevolezza della preziosità di ogni momento condiviso, può trasformare anche le conversazioni più semplici in occasioni di connessione profonda.

Inoltre, la compassione gioca un ruolo cruciale nel rafforzare i legami interpersonali. Comprendere e condividere le emozioni altrui, sia nelle gioie che nelle difficoltà, crea un senso di intimità e fiducia che è fondamentale per relazioni durature. La filosofia stoica ci insegna che, pur mantenendo la nostra forza interiore e l'equanimità di fronte alle avversità, possiamo e dovremmo aprire i nostri cuori alle esperienze degli altri, offrendo sostegno e conforto quando necessario.

La disponibilità ad essere presenti per gli altri, anche quando ciò richiede sacrificio o sforzo, è una dimostrazione dell'importanza che attribuiamo alle nostre relazioni. Questo impegno si manifesta non solo nei grandi gesti, ma anche nelle piccole azioni quotidiane: un messaggio per chiedere come sta un amico, un favore fatto senza aspettarsi nulla in cambio, o semplicemente l'offerta del proprio tempo per ascoltare.

Cultivare relazioni significative in accordo con i principi stoici ci invita a esaminare e a valorizzare la rete di connessioni umane che ci circonda, riconoscendo che ogni persona nella nostra vita contribuisce in qualche modo alla nostra esperienza del mondo. Questo approccio alle relazioni non solo arricchisce il nostro viaggio personale attraverso la vita, ma crea anche un tessuto sociale più forte e compassionevole, in cui ciascuno è sostenuto e valorizzato. Vivere con questa consapevolezza e intenzionalità nelle nostre relazioni ci permette di costruire una vita di significato condiviso, tessendo insieme storie di amore, amicizia e solidarietà che trascendono il tempo.

4. **Riflettere sulle proprie azioni e il proprio contributo:** La filosofia stoica, con il suo accento sulla virtù e sull'integrità, serve da guida per un'esistenza intenzionale, dove le riflessioni sulle proprie azioni e sul loro contributo al mondo assumono un'importanza centrale. Vivere in maniera che il nostro passaggio sulla Terra lasci un'impronta positiva non è solo un atto di altruismo, ma anche un percorso verso la realizzazione del sé più autentico e virtuoso. Questa prospettiva ci spinge a esaminare continuamente il nostro comportamento, le nostre scelte e le loro ripercussioni, sia nell'immediato che nel lungo termine.

L'invito a riflettere sul nostro contributo può manifestarsi in vari modi, dalla dedizione a progetti che mirano a migliorare la società, all'adozione di pratiche sostenibili che rispettano l'ambiente, fino al sostegno nei confronti degli individui e delle comunità meno fortunate. Ogni azione, per quanto piccola possa sembrare, contribuisce al tessuto più ampio della realtà sociale e ambientale in cui siamo immersi.

Inoltre, la riflessione stoica sull'impatto delle nostre azioni ci invita a considerare il modo in cui interagiamo con gli altri, promuovendo la gentilezza, l'empatia e il rispetto in ogni aspetto della vita quotidiana. Questo approccio etico alle relazioni interpersonali non solo arricchisce la nostra esperienza di vita, ma può anche ispirare gli altri a seguire un percorso simile, creando una catena virtuosa di azioni positive.

La consapevolezza della nostra mortalità, lontano dall'essere un motivo di disperazione, agisce come un potente promemoria della preziosità del tempo e della responsabilità che abbiamo di utilizzarlo saggiamente. Questo ci motiva a perseguire attivamente la crescita personale, l'apprendimento continuo e l'autosviluppo, riconoscendo che ogni passo nel nostro viaggio di crescita non solo ci avvicina alla nostra versione ideale, ma arricchisce anche il mondo intorno a noi.

Infine, riflettere sulle nostre azioni e sul nostro contributo implica anche il riconoscimento e l'accettazione dei nostri limiti e dei nostri fallimenti. L'approccio stoico ci insegna che l'errore è parte integrante del processo di apprendimento e che la resilienza di fronte alle avversità è una virtù fondamentale. Attraverso la riflessione continua e l'adattamento, possiamo superare gli ostacoli e continuare a contribuire in modo significativo, portando avanti il nostro impegno per un'esistenza ricca di significato e di impatto positivo.

Giunti alla conclusione anche di questo terzo capitolo, abbiamo esplorato le profonde riflessioni sulla vita e sulla morte, sottolineando come queste tematiche centrali influenzino la nostra esistenza quotidiana. Attraverso l'ottica dello stoicismo, siamo incoraggiati a vedere la vita come un dono prezioso e la morte come parte naturale dell'esistenza, portandoci verso un apprezzamento più profondo del presente. Questa consapevolezza ci aiuta a vivere con maggior pienezza, virtù e gratitudine, abbracciando ogni esperienza come un'opportunità per crescere e lasciare un segno positivo nel mondo che ci circonda.

CAPITOLO 4: La ricerca della felicità e della virtù

La ricerca della felicità è una delle domande più pervasive e profonde che attraversano la storia dell'umanità. Da secoli, filosofi, saggi e pensatori di ogni cultura hanno contemplato cosa significhi essere veramente felici e come tale stato possa essere raggiunto. La virtù è stata a lungo venerata come una bussola morale, guidando le azioni e le scelte verso un'esistenza eticamente solida e significativa. In questo capitolo, esploreremo la relazione intrinseca tra la felicità e la virtù, sondando come il loro intreccio possa offrire una via verso un'esistenza più appagante e realizzata.

La felicità, spesso ricercata come un obiettivo finale, è vista da molte tradizioni filosofiche non tanto come una destinazione, ma come un cammino, un modo di vivere che si realizza nel perseguimento di azioni giuste e nel coltivare relazioni significative. Questo approccio alla felicità mette in luce l'importanza della qualità delle nostre esperienze quotidiane e della profondità delle nostre connessioni umane. Parallelamente, la virtù è considerata il fondamento su cui costruire una vita non solo moralmente onorevole, ma anche profondamente soddisfacente. Essa rappresenta l'espressione più elevata delle nostre capacità umane, un'esaltazione della nostra natura razionale e sociale. La virtù, in questo senso, non è soltanto un insieme di doveri o di regole da seguire, ma un orientamento esistenziale che arricchisce la nostra vita e quella delle persone che ci circondano.

La relazione tra felicità e virtù si dipana in un dialogo continuo tra il desiderio di benessere personale e l'impegno verso il bene comune. La virtù si manifesta attraverso la giustizia, la temperanza, il coraggio e la saggezza, virtù che non solo guidano le nostre azioni ma modellano il nostro carattere, influenzando così la nostra capacità di vivere una vita felice.

L'interpretazione della felicità proposta da Marco Aurelio si distacca nettamente dalle concezioni contemporanee che spesso legano il benessere alla realizzazione di desideri materiali o al raggiungimento di obiettivi esterni. Invece, il filosofo imperatore pone l'accento sull'importanza di una serenità interiore, che deriva dall'essere in pace con le proprie azioni e pensieri, e dall'armonia con il tessuto più ampio dell'esistenza. Questa visione della felicità come equilibrio interno richiede una costante vigilanza dell'animo, un esercizio continuo di autoesame e di aderenza ai principi morali che governano una vita virtuosa. Per Marco Aurelio, la virtù non è solo una questione di etica personale, ma si radica profondamente nella natura sociale dell'essere umano. Vivere virtuosamente significa agire con giustizia, onestà e altruismo nelle nostre interazioni quotidiane, contribuendo positivamente alla comunità e al benessere collettivo. La virtù, in questo senso, diventa la vera espressione della nostra umanità, un modo per onorare la nostra capacità razionale e la nostra connessione con gli altri esseri umani.

Questa concezione della felicità e della virtù implica anche un profondo rispetto per la natura e per le sue leggi, riconoscendo che l'ordine naturale dell'universo offre una guida per vivere in modo appropriato. L'armonia con il mondo, secondo Marco Aurelio, non significa passività o accettazione acritica delle circostanze, ma piuttosto un attivo allineamento con i principi fondamentali che governano la realtà, cercando di agire in modo che sia congruente con il bene più ampio. In questo quadro, la felicità diventa il risultato di una vita vissuta con scopo e significato, dove ogni scelta è ponderata alla luce della sua conformità con i principi etici e il suo impatto sugli altri. La ricerca della virtù e della felicità si intrecciano, diventando un unico percorso di crescita personale e di contributo alla società. La filosofia di Marco Aurelio ci invita così a riconsiderare le nostre priorità, a focalizzarci meno sugli obiettivi esterni e più sullo sviluppo di qualità interiori che riflettano la nostra essenza più autentica e che ci permettano di vivere in armonia con noi stessi e con il mondo che ci circonda.

L'idea che la virtù costituisca la vera fonte di felicità è centrale nel pensiero di Marco Aurelio e rappresenta un pilastro fondamentale dello stoicismo. La concezione di virtù di Marco Aurelio non è limitata a un insieme di norme morali astratte, ma è profondamente radicata nella pratica quotidiana e nella realizzazione del sé. L'adempimento della propria natura razionale e sociale, come lui sottolinea, implica un impegno attivo nel perseguire la giustizia, l'autodisciplina, il coraggio e la saggezza in ogni aspetto della vita.

La frase "La felicità della tua vita dipende dalla qualità dei tuoi pensieri" mette in luce l'importanza del dominio interiore e della responsabilità personale nella costruzione della propria felicità. Marco Aurelio ci invita a esercitare un controllo vigile sui nostri pensieri, riconoscendo che essi hanno il potere di plasmare la nostra realtà. Un atteggiamento mentale orientato alla virtù ci permette di affrontare le avversità con resilienza, di trovare significato anche nelle circostanze più difficili e di mantenere una serenità interna indipendente dalle fluttuazioni esterne. Questa disciplina della mente, tuttavia, non si traduce in un distacco emotivo o in un'indifferenza nei confronti della vita. Al contrario, l'orientamento alla virtù arricchisce l'esperienza umana, rendendoci più sensibili alla bellezza, alla complessità e alla ricchezza delle nostre relazioni e delle nostre esperienze. La virtù, in questo senso, diventa una lente attraverso cui possiamo vedere il mondo con maggiore chiarezza e profondità, apprezzando la meraviglia dell'esistenza pur rimanendo ancorati a principi etici solidi.

L'enfasi sulla qualità dei pensieri ci porta anche a riflettere sulla natura delle nostre aspirazioni e desideri. Marco Aurelio ci esorta a valutare criticamente ciò che perseguiamo, invitandoci a chiederci se le nostre ambizioni sono realmente in linea con i valori della virtù e se contribuiscono alla nostra crescita personale e al benessere degli altri. Questo processo di auto indagine non solo affina il nostro discernimento, ma ci guida anche verso scelte più consapevoli e significative. In definitiva, l'approccio di Marco Aurelio alla virtù e alla felicità ci offre una strada per navigare la complessità della vita umana con integrità e scopo. Attraverso la coltivazione di una mente disciplinata e orientata alla virtù, possiamo aspirare a una vita che sia non solo più felice, ma anche più ricca di significato, più impegnata nei confronti della comunità e più in armonia con la nostra essenza più profonda.

La prospettiva stoica sulla felicità, così come esposta da Marco Aurelio, offre una visione trasformativa della nostra interazione con il mondo e con noi stessi. L'accento posto sul lavoro interiore e sull'impegno etico quotidiano ci invita a considerare la vita come un percorso di miglioramento continuo, dove le sfide e le avversità diventano terreno fertile per lo sviluppo della virtù. Questa visione implica che la felicità non sia un traguardo statico o un bene esterno da acquisire, ma piuttosto un processo dinamico che si realizza attraverso la pratica costante della virtù. La giustizia, la temperanza, il coraggio e la saggezza non sono solo ideali etici astratti, ma principi pratici da incarnare nelle nostre azioni quotidiane, nelle nostre decisioni e nelle nostre relazioni. Ogni scelta, dal più piccolo gesto di gentilezza a decisioni più impegnative, diventa un'espressione della nostra adesione a questi valori fondamentali.

La filosofia stoica, interpretata da Marco Aurelio, ci insegna a vedere le difficoltà della vita non come impedimenti al nostro benessere, ma come momenti preziosi per mettere alla prova e consolidare il nostro carattere. Le avversità si trasformano in occasioni per manifestare coraggio di fronte alla paura, temperanza di fronte alle tentazioni, giustizia nelle interazioni con gli altri e saggezza nel discernere la via migliore da seguire. Questo approccio trasforma radicalmente la nostra esperienza dell'esistenza, trasformando ogni ostacolo in un passo verso una maggiore realizzazione personale e verso l'autentica felicità. Inoltre, la pratica stoica della riflessione quotidiana sui propri pensieri e azioni si rivela essenziale in questo percorso verso la felicità. L'autoesame consente di mantenere un allineamento costante tra le nostre aspirazioni etiche e il nostro comportamento, garantendo che le nostre scelte siano sempre guidate da una profonda integrità morale. Questa pratica di vigilanza interiore ci mantiene radicati nei principi stoici, aiutandoci a navigare con grazia e determinazione attraverso la complessità della vita.

In questa cornice, la ricerca della felicità diventa un viaggio intriso di significato, in cui ogni passo, ogni decisione, ogni interazione è impregnata di un senso di scopo più profondo. Seguendo l'insegnamento di Marco Aurelio e dello stoicismo, possiamo aspirare a una vita che non solo è marcata dalla serenità e dal benessere interiore, ma che risplende anche di virtù, lasciando un'impronta positiva e duratura sul mondo che ci circonda.

Nell'ambito dello stoicismo, e come enfatizzato dalle riflessioni di Marco Aurelio, il concetto di felicità è strettamente connesso alla realizzazione di una libertà interiore profonda. Questa concezione di libertà trascende la mera assenza di vincoli fisici o esterni, toccando il cuore dell'essere umano nel suo rapporto con le proprie emozioni, pensieri e reazioni alle varie situazioni della vita. La vera felicità, secondo questa visione, emerge dalla capacità di mantenere la calma, la razionalità e l'equilibrio interiore anche di fronte alle tempeste emotive e agli imprevisti che la vita può presentare.

Marco Aurelio, attraverso i suoi scritti, ci insegna che il percorso verso la felicità implica una sorta di indipendenza emotiva, dove il benessere non dipende dagli eventi esterni, ma dalla nostra reazione a questi eventi. In questo senso, la felicità diventa una scelta, un atteggiamento interiore che si coltiva attraverso la pratica della virtù e l'adempimento del proprio dovere, in armonia con la natura razionale dell'essere umano. La libertà interiore di cui parla Marco Aurelio non significa indifferenza o distacco emotivo dalla realtà, ma piuttosto la capacità di vivere pienamente ogni esperienza senza lasciarsi dominare dalle passioni irrazionali. Questa autosufficienza emotiva e razionale permette di affrontare con serenità e determinazione anche le situazioni più difficili, trovando nella propria integrità e nella propria coscienza le risorse per superare gli ostacoli.

Inoltre, questa visione della felicità enfatizza l'importanza del controllo di sé e della riflessione come strumenti per navigare il complesso panorama delle relazioni umane e delle sfide personali. Attraverso l'esercizio quotidiano della mente e dello spirito, possiamo aspirare a una vita che non solo è in pace con se stessa, ma che contribuisce anche al benessere degli altri, riflettendo la virtù stoica in ogni azione e decisione.

La concezione di Marco Aurelio riguardo alla ricerca della felicità e della virtù ci conduce su un percorso di continua trasformazione e scoperta di sé. Questo viaggio di autodisciplina e crescita personale invita non solo a un'esplorazione delle nostre capacità e limiti, ma anche a un dialogo profondo con le nostre aspirazioni più autentiche e con i principi che desideriamo incarnare nella nostra vita. La virtù, in questo contesto, non è vista semplicemente come l'adesione a un codice morale esterno, ma come una manifestazione autentica dell'essere più profondo, un'espressione della nostra natura razionale e sociale in armonia con l'ordine universale. La pratica quotidiana della virtù, dunque, diventa un'esercitazione continua che affina la nostra capacità di rispondere alle varie sfide della vita con integrità, saggezza e compassione. Egli sottolinea l'importanza di mantenere una visione equilibrata della vita, riconoscendo la distinzione stoica tra ciò che è e ciò che non è sotto il nostro controllo. Questa consapevolezza ci libera da inutili preoccupazioni e ci permette di concentrarci sul nostro potere personale di scelta e azione. In questo modo, anche gli ostacoli e le avversità si trasformano in occasioni preziose per mettere alla prova e rafforzare il nostro carattere, per esercitare la virtù in contesti sempre nuovi e per crescere verso una comprensione più profonda di noi stessi e del mondo che ci circonda.

L'invito a considerare ogni giorno come un'opportunità per praticare la virtù ci incoraggia a vivere con un senso di scopo e intenzionalità. Ogni momento diventa prezioso per il suo potenziale di crescita e apprendimento, per la possibilità di fare scelte in linea con i nostri principi più elevati e per l'occasione di contribuire positivamente alla vita degli altri.

La felicità autentica, secondo Marco Aurelio, nasce dall'armonia interiore e dall'adempimento del nostro potenziale umano. Questo tipo di felicità si distingue per la sua stabilità e profondità, non soggetta alle fluttuazioni dei piaceri momentanei o delle circostanze esterne. È una felicità radicata nella serenità dell'animo, nella consapevolezza di vivere una vita guidata dalla ragione, dalla virtù e da un profondo senso di connessione con il tutto. Attraverso questa ricerca incessante di equilibrio e crescita personale, Marco Aurelio ci offre una visione della vita che è al tempo stesso sfidante e profondamente gratificante, un percorso verso una felicità che è tanto una realizzazione personale quanto un contributo al benessere collettivo.

La filosofia stoica, radicata in una saggezza che trascende i secoli, offre non solo una prospettiva filosofica profonda, ma anche strumenti pratici per l'arricchimento della vita quotidiana. Attraverso l'adozione dei suoi principi, possiamo trasformare la nostra routine in un viaggio di crescita personale e realizzazione, facendo di ogni giorno un passo verso una maggiore comprensione di noi stessi e del mondo che ci circonda. Di seguito esploreremo come i precetti stoici possano essere intrecciati nelle trame del nostro vivere di ogni giorno, offrendoci vie concrete per vivere con maggiore intenzionalità, resilienza e virtù.

1. **Agire con Intenzionalità:** Agire con intenzionalità nel contesto della nostra vita quotidiana implica un'esplorazione profonda e consapevole delle nostre motivazioni, dei nostri valori e delle conseguenze delle nostre azioni. Questo approccio riflessivo e deliberato alle decisioni che prendiamo ogni giorno non solo eleva la qualità delle nostre esperienze, ma ci consente anche di vivere in modo più autentico e allineato con i nostri principi più profondi. La filosofia stoica, che

pone l'accento sull'intenzionalità e sulla virtù, ci insegna che ogni momento della nostra esistenza offre l'opportunità di esprimere i nostri valori fondamentali attraverso le nostre scelte e azioni. Quando agiamo con intenzionalità, ogni decisione, dal modo in cui interagiamo con i nostri colleghi al lavoro, alla scelta di come trascorrere il nostro tempo libero, diventa un'opportunità per manifestare la virtù. Ad esempio, scegliere di dedicare una parte del nostro tempo a supportare le iniziative comunitarie o a tendere una mano a chi è in difficoltà non è solo un atto di generosità, ma anche una pratica di crescita personale che rafforza il nostro senso di appartenenza e la nostra connessione con gli altri. Questi atti di servizio e di cura contribuiscono al tessuto della nostra comunità e riflettono la concezione stoica dell'individuo come parte di un tutto più grande. Inoltre, l'intenzionalità nelle nostre azioni quotidiane ci invita a considerare il modo in cui le nostre scelte impattano non solo la nostra vita, ma anche l'ambiente e la società in cui viviamo. La filosofia stoica ci spinge a riflettere sul nostro consumo, sulle nostre abitudini e sulle nostre interazioni, incoraggiandoci a vivere con una consapevolezza che va oltre il sé. Questo può tradursi in scelte più sostenibili, in un maggiore impegno per la giustizia sociale e in uno stile di vita che cerca l'equilibrio e l'armonia con il mondo naturale.

L'adozione di un approccio intenzionale alla vita porta anche a una maggiore presenza mentale e gratitudine. Riconoscere il valore di ogni momento e la ricchezza delle nostre esperienze quotidiane ci permette di apprezzare pienamente la vita che abbiamo, trascendendo la ricerca incessante di piaceri effimeri. Questa gratitudine per le piccole gioie e per le connessioni umane arricchisce profondamente la nostra esistenza, portandoci verso una felicità più autentica e duratura.

Vivere con intenzionalità secondo i principi stoici ci offre una guida per navigare la complessità della vita moderna con saggezza, equilibrio e un profondo senso di scopo. Attraverso la pratica quotidiana dell'intenzionalità, possiamo forgiare una vita che non solo è in armonia con i nostri valori più elevati, ma che contribuisce anche al benessere della nostra comunità e del mondo in cui viviamo.

2. **Mantenere l'Equilibrio Emotivo:** Mantenere l'equilibrio emotivo nel vortice delle sfide quotidiane è una competenza fondamentale che i principi stoici cercano di coltivare. La filosofia stoica, con il suo insegnamento sull'equanimità, offre una prospettiva rassicurante sulla natura transitoria delle emozioni e sul potere della mente razionale di mantenere la calma in mezzo alla tempesta. Questo approccio non nega o sopprime le emozioni, ma suggerisce piuttosto una via di mezzo, in cui si riconosce l'emozione senza lasciarle il controllo delle nostre reazioni.

    L'importanza di praticare la temperanza e il controllo di sé si manifesta in modo particolarmente evidente nelle interazioni interpersonali. Sia che ci troviamo di fronte a un disaccordo sul posto di lavoro, sia che stiamo navigando le complessità delle dinamiche familiari, la capacità di rispondere con calma e considerazione può trasformare potenzialmente conflitti in opportunità di comprensione e crescita reciproca. Questo comportamento non solo preserva la nostra pace interiore, ma contribuisce anche a creare un ambiente in cui le relazioni possono fiorire e diventare più forti. Praticare l'equanimità si estende anche alla nostra risposta interna alle circostanze della vita. Affrontare le avversità con un senso di calma e accettazione ci permette di valutare le situazioni con maggiore chiarezza e di prendere decisioni più ponderate. Questa capacità di distanziarsi dalle reazioni emotive immediate e di adottare una prospettiva più ampia è fondamentale per superare gli ostacoli in modo efficace e per perseguire i nostri obiettivi a lungo termine con determinazione e resilienza.

Inoltre, l'equilibrio emotivo ha implicazioni significative per il nostro benessere fisico e mentale. Lo stress cronico e le emozioni negative non gestite possono avere effetti deleteri sulla salute. Applicare i principi stoici di equanimità e controllo di sé può quindi contribuire a ridurre i livelli di stress, promuovendo uno stile di vita più sano e più equilibrato.

L'arte stoica di mantenere l'equilibrio emotivo richiede pratica e riflessione. Attraverso tecniche come la meditazione, la scrittura riflessiva o semplicemente prendendosi un momento per respirare profondamente e ricalibrarsi, possiamo coltivare una maggiore stabilità emotiva. Questa pratica quotidiana di equanimità ci equipaggia non solo per affrontare le sfide con grazia e compostezza, ma ci insegna anche il valore dell'essere presenti e pienamente impegnati nella ricchezza dell'esperienza umana, rafforzando la nostra capacità di gioire delle gioie della vita e di affrontare con coraggio le sue inevitabili difficoltà.

3. **Valorizzare le Relazioni Umane:** La valorizzazione delle relazioni umane rappresenta un aspetto cruciale della filosofia stoica, che vede nell'amicizia, nell'amore e nella comunità i pilastri fondamentali su cui si costruisce una vita ricca di significato. Attraverso l'esercizio quotidiano di gentilezza, ascolto attivo e comprensione, possiamo tessere una rete di connessioni autentiche e profonde, che arricchiscono non solo la nostra esistenza, ma anche quella delle persone che ci circondano. L'importanza attribuita alle relazioni umane si riflette nella pratica stoica dell'amicizia, intesa non come un mero scambio di favori o piaceri, ma come un legame profondo basato sulla virtù e sul reciproco sostegno nel percorso di crescita personale. Questa concezione dell'amicizia si estende oltre il cerchio ristretto degli amici intimi, abbracciando una visione più ampia dell'amore per l'umanità, che ci spinge a trattare ogni persona con rispetto, dignità e benevolenza.

La pratica dell'ascolto attivo, in particolare, ci permette di entrare in sintonia con le esigenze e le esperienze degli altri, offrendo uno spazio in cui possono sentirsi visti e compresi. Questo tipo di ascolto va oltre la semplice ricezione delle parole altrui; si tratta di un'apertura empatica che coinvolge l'accoglienza dei sentimenti, delle preoccupazioni e delle speranze degli altri, creando un ponte di connessione autentica e di empatia. Offrire sostegno, sia nelle piccole sfide quotidiane sia nei momenti di maggiore difficoltà, è un altro modo per valorizzare le relazioni umane e vivere la virtù stoica dell'amore per l'umanità. Questo sostegno può assumere molte forme, dal semplice atto di essere presenti e disponibili, all'offerta di aiuto concreto, fino alla condivisione di parole di incoraggiamento e di saggezza. Praticare l'empatia, infine, ci invita a metterci nei panni degli altri, a comprendere il loro punto di vista e a sentire con loro. Questa capacità di empatia non solo facilita la risoluzione dei conflitti e il superamento delle incomprensioni, ma alimenta anche un senso di unità e di appartenenza, ricordandoci che, nonostante le nostre differenze, condividiamo esperienze, desideri e sfide comuni. In sintesi, la valorizzazione delle relazioni umane attraverso la gentilezza, l'ascolto attivo, il sostegno e l'empatia è una manifestazione concreta della filosofia stoica nella vita quotidiana. Questi atti di connessione e cura reciproca non solo arricchiscono la nostra vita sociale e affettiva, ma rafforzano anche il nostro impegno verso una vita virtuosa e significativa, contribuendo al benessere collettivo e al tessuto della comunità umana.

4. **Accettare ciò che non si può controllare:** L'accettazione di ciò che non si può controllare è una pietra miliare della filosofia stoica, che insegna l'importanza di distinguere tra ciò che è e ciò che non è nelle nostre mani. Questo principio si rivela particolarmente prezioso nel contesto della vita quotidiana, dove le incertezze e gli imprevisti possono facilmente generare stress e ansia. Abbracciando la prospettiva stoica, possiamo imparare a navigare le onde dell'esistenza con una calma stoica, concentrandoci sulle nostre reazioni e sulle nostre azioni, piuttosto che sugli eventi esterni che sfuggono al nostro controllo. Questa accettazione attiva non implica passività o rassegnazione, ma piuttosto una forma di resilienza proattiva. Significa riconoscere la realtà così com'è, senza lasciarsi sopraffare dal desiderio di cambiarla quando ciò è impossibile. Invece di sprecare energia in preoccupazioni sterili, possiamo dedicare le nostre risorse mentali ed emotive a ciò che possiamo effettivamente influenzare: le nostre azioni, le nostre reazioni e il nostro atteggiamento interiore. Questa filosofia si applica in numerosi contesti della vita di tutti i giorni, dalle piccole frustrazioni, come il traffico o i ritardi nei trasporti pubblici, fino alle sfide più significative, come le malattie o le perdite personali. Adottando un atteggiamento di accettazione, possiamo affrontare questi eventi con una maggiore serenità, trovando spesso vie creative per adattarci e superare gli ostacoli. Inoltre, l'accettazione di ciò che è fuori dal nostro controllo ci insegna il valore della pazienza e della perseveranza. Invece di arrenderci alla prima difficoltà, possiamo vedere ogni sfida come un'opportunità per crescere e per sviluppare una maggiore forza interiore. Questo processo di apprendimento e adattamento non solo ci rende più resilienti di fronte alle avversità future, ma arricchisce anche la nostra esperienza di vita, offrendoci una comprensione più profonda della natura umana e della realtà che ci circonda. L'adozione di questo atteggiamento stoico può anche migliorare le nostre relazioni interpersonali. Accettando che non possiamo controllare le azioni e le reazioni degli altri, possiamo approcciare le relazioni con una maggiore apertura e tolleranza, promuovendo un ambiente di rispetto reciproco e comprensione. In conclusione, imparare ad accettare ciò che non possiamo controllare ci libera dalle catene delle preoccupazioni inutili e ci apre a una vita di maggiore serenità e soddisfazione. Questa accettazione attiva, lontana dall'essere una resa, è una dichiarazione di forza e di saggezza, che ci permette di vivere pienamente, valorizzando ciò che abbiamo e ciò che possiamo fare, indipendentemente dalle tempeste che possiamo incontrare lungo il cammino.

5. **Praticare la Gratitudine:** La pratica della gratitudine, profondamente radicata nella filosofia stoica, ci invita a coltivare un senso di apprezzamento per gli aspetti positivi della nostra vita, anche e soprattutto quando ci troviamo di fronte a sfide o difficoltà. Questo esercizio di riflessione non

è solo un atto di riconoscimento, ma anche un potente strumento di trasformazione interiore che può incidere profondamente sul nostro benessere emotivo e sulla nostra visione del mondo.

Incorporare la gratitudine nella nostra routine quotidiana significa prendersi un momento per riflettere sulle innumerevoli benedizioni che spesso diamo per scontate: la salute, le relazioni, le piccole gioie quotidiane come un tramonto, il sorriso di un amico o un buon pasto. Questa consapevolezza ci aiuta a spostare il focus dalle nostre mancanze o dai nostri desideri insoddisfatti a ciò che già possediamo, generando un senso di abbondanza e soddisfazione che contrasta la tendenza umana a concentrarsi sul negativo.

La gratitudine, inoltre, ci permette di riconoscere il valore delle esperienze di vita, anche di quelle che inizialmente potrebbero sembrare avverse o dolorose. Da una prospettiva stoica, ogni esperienza può essere vista come un'opportunità di crescita, di apprendimento e di esercizio delle virtù. Essere grati per le lezioni apprese, per la forza guadagnata attraverso le prove e per le relazioni forgiate nel fuoco delle difficoltà può trasformare radicalmente il nostro approccio alla vita e alle sue inevitabili sfide. Praticare la gratitudine può anche avere un impatto positivo sulle nostre relazioni interpersonali. Mostrando apprezzamento per gli atti di gentilezza e per il sostegno ricevuto dagli altri, rafforziamo i legami e promuoviamo un circolo virtuoso di generosità e riconoscenza. Questo atteggiamento di gratitudine reciproca crea una rete di supporto più solida e amorevole, che è fondamentale per il nostro benessere emotivo e sociale. Infine, la gratitudine ci connette a una dimensione più ampia dell'esistenza, ricordandoci la nostra interdipendenza e il nostro posto nel tessuto della vita. Essere consapevoli delle meraviglie della natura, del valore delle relazioni umane e della bellezza dell'espressione artistica e culturale arricchisce la nostra esperienza e ci invita a contribuire positivamente al mondo che ci circonda. In sintesi, la pratica quotidiana della gratitudine non solo migliora la nostra qualità di vita e il nostro benessere interiore, ma ci trasforma anche in individui più resilienti, compassionevoli e connessi. Coltivando un senso di apprezzamento per le benedizioni grandi e piccole, possiamo navigare la vita con una maggiore serenità, gioia e un profondo senso di soddisfazione.

Questo capitolo ha illuminato il percorso verso la ricerca della felicità e della virtù, enfatizzando come questi obiettivi intrecciati siano fondamentali per una vita ricca di significato secondo i principi dello stoicismo. L'adozione di un approccio intenzionale alla vita, la valorizzazione delle relazioni umane, l'accettazione serena di ciò che sfugge al nostro controllo e la pratica quotidiana della gratitudine emergono come pilastri per costruire un'esistenza armoniosa e soddisfacente. Questa saggezza antica ci guida a navigare la complessità dell'esperienza umana con equilibrio, forza interiore e una profonda connessione con il tessuto della vita.

CAPITOLO 5: Il ruolo del leader nella società

La leadership è un'arte antica quanto la civiltà stessa, un complesso intreccio di responsabilità, influenza e guida che ha plasmato il corso della storia umana. Questo capitolo esplora la concezione del leader non solo come figura di autorità, ma come custode del benessere collettivo, un faro di virtù e saggezza che illumina il cammino verso il progresso e l'armonia sociale. Attingendo agli insegnamenti dello stoico Marco Aurelio, rifletteremo sulle qualità intrinseche che definiscono una leadership autentica e ispiratrice, e su come queste possano essere applicate per promuovere una società più giusta, equa e rispettosa. Attraverso l'esame della leadership sotto questa luce etica e filosofica, scopriremo come la vera grandezza sia misurata non dalla posizione o dal potere, ma dall'impatto positivo che si lascia sul mondo.

Nella visione di Marco Aurelio, la leadership trascende la mera detenzione del potere o l'autorità formale; si radica invece in una serie di qualità etiche e filosofiche che definiscono il modo in cui un leader si relaziona con coloro che guida e con la società nel suo complesso. La virtù, la saggezza e un impegno autentico verso il bene comune sono i pilastri su cui si costruisce la leadership secondo la prospettiva stoica.

Questo approccio alla leadership enfatizza la necessità per il leader di essere un modello di rettitudine e di comportamento etico. La virtù, in questo contesto, non è solo un insieme di regole morali da seguire, ma una bussola interiore che guida ogni decisione e azione. Un leader virtuoso, quindi, è colui che agisce non in funzione di ricompense esterne o di approvazione, ma seguendo principi morali solidi e una profonda comprensione di ciò che è giusto e benefico per la comunità. La saggezza, un altro pilastro della leadership stoica, implica una comprensione profonda della natura umana, del mondo e della complessità delle situazioni che un leader deve affrontare. Un leader saggio è capace di vedere oltre le apparenze, di comprendere le dinamiche sottostanti e di agire in modo che sia allineato con i principi universali della giustizia e dell'equità. Questa saggezza si manifesta anche nella capacità di ascoltare, di rimanere aperti a diverse prospettive e di apprendere continuamente da ogni esperienza.

L'impegno verso il bene comune è forse l'aspetto più distintivo della visione stoica della leadership. Questo principio pone al centro non gli interessi personali del leader, ma il benessere e l'armonia della collettività. Un leader, secondo Marco Aurelio, deve quindi mettere da parte il proprio ego e le proprie ambizioni, per focalizzarsi su ciò che contribuisce realmente alla prosperità e al progresso della società. Questo richiede un profondo senso di responsabilità, empatia e la capacità di mettersi al servizio degli altri.

La concezione di leadership di Marco Aurelio sottolinea che essere un leader significa molto più che detenere il potere; significa incarnare e diffondere virtù, agire con saggezza e dedicare la propria vita al servizio del bene comune. Questa visione offre una prospettiva elevata e ispiratrice su ciò che significa guidare, sottolineando l'importanza di principi etici solidi e di un impegno autentico nei confronti degli altri e della società nel suo complesso. Le riflessioni di Marco Aurelio sulle qualità essenziali per una leadership efficace e virtuosa sono un chiaro riflesso della sua profonda comprensione della natura umana e del suo impegno nei confronti di una vita guidata da principi morali. Attraverso le sue "Meditazioni", egli evidenzia come la leadership non sia semplicemente una questione di autorità o di potere, ma piuttosto una pratica quotidiana di virtù come l'autodisciplina, la giustizia e la temperanza, che insieme formano il fondamento di un approccio etico alla guida degli altri.

L'autodisciplina, per Marco Aurelio, è la pietra angolare che permette al leader di rimanere fedele ai propri principi, anche in situazioni di grande stress o tentazione. Questo autocontrollo si manifesta non solo nel dominio delle proprie passioni e desideri, ma anche nella capacità di rimanere concentrati sugli obiettivi a lungo termine, evitando di essere distratti o scoraggiati dagli ostacoli temporanei. La giustizia, nel pensiero di Marco Aurelio, va oltre la semplice applicazione delle leggi; è un principio guida che assicura l'equità e il rispetto per ogni individuo, indipendentemente dalla sua posizione sociale o dal suo potere. Un leader giusto è quindi colui che agisce con imparzialità, considera attentamente le implicazioni delle proprie decisioni e si impegna a promuovere il benessere collettivo, ponendo le basi per una società più armoniosa e coesa.

La temperanza, un'altra virtù fondamentale per la leadership secondo Marco Aurelio, riguarda la moderazione e l'equilibrio in tutte le sfere della vita. Questo significa saper gestire con saggezza le risorse, sia personali che collettive, evitare gli eccessi e mantenere una prospettiva equilibrata, che permetta di prendere decisioni ponderate e di lungo respiro. La capacità di agire per il bene degli altri, infine, è forse l'aspetto più nobile e distintivo della visione di leadership di Marco Aurelio. Questo richiede un profondo senso di empatia e compassione, la volontà di ascoltare e comprendere le esigenze altrui e un impegno costante a servire la comunità, mettendo da parte gli interessi personali in favore di quelli collettivi.

La frase contenuta negli scritti di Marco Aurelio "Il miglior vendicarsi è non diventare come il tuo nemico" illustra con efficacia l'approccio stoico alla leadership, che predilige la forza morale e l'integrità rispetto alla vendetta o al dominio. Questa visione implica che un vero leader sia capace di elevare sé stesso e gli altri, trasformando le sfide in opportunità di crescita e rafforzando i legami comunitari attraverso l'esempio di virtù e di saggezza.

L'interpretazione stoica del ruolo di leader pone l'accento su una visione olistica e etica del potere e dell'influenza. In questa prospettiva, il leader agisce come un faro di virtù, illuminando il cammino non solo con le parole, ma soprattutto con le azioni, incarnando i principi che predica. Questo implica un profondo impegno personale a vivere secondo gli standard più elevati di integrità, moralità e dedizione al servizio degli altri, rendendo la leadership non un mero ruolo o titolo, ma una manifestazione concreta dei valori stoici.

Un leader, da un punto di vista stoico, è dunque visto come un mentore e un modello da seguire, che dimostra attraverso il proprio esempio come affrontare le sfide con coraggio, prendere decisioni difficili con saggezza e trattare gli altri con compassione e giustizia. Questo tipo di leadership si estende ben oltre le decisioni strategiche o la gestione di gruppi; tocca il cuore stesso dell'essere umano, influenzando le persone a livello individuale e collettivo e incoraggiandole a perseguire la propria crescita morale e spirituale. La responsabilità di un leader stoico include anche la promozione attiva della giustizia e dell'equità all'interno della comunità. Ciò significa impegnarsi per eliminare le disuguaglianze, garantire che ogni voce sia ascoltata e rispettata, e che le decisioni siano prese considerando il benessere di tutti. Un approccio equo alla leadership implica anche la capacità di riconoscere e valorizzare la diversità all'interno della comunità, considerando le diverse prospettive e esperienze come una ricchezza da cui attingere per prendere decisioni più informate e inclusive.

Inoltre, il rispetto per ogni individuo è un altro pilastro fondamentale della leadership stoica. Questo si traduce nel trattare tutti con dignità, indipendentemente dalla loro posizione o status, e nel promuovere un ambiente in cui le persone si sentano valorizzate e motivate a contribuire. Un leader stoico si sforza di creare una cultura di rispetto reciproco, dove le persone sono incoraggiate a esprimere le proprie idee e a collaborare per il bene comune.

In definitiva, il concetto stoico di leadership invita a una riflessione più ampia sul significato e sull'impatto del nostro ruolo all'interno della società. Attraverso la guida virtuosa e l'esempio personale, i leader hanno l'opportunità unica di influenzare positivamente la vita delle persone e di contribuire alla costruzione di una comunità più giusta, equa e rispettosa, riflettendo i valori stoici di saggezza, coraggio, giustizia e moderazione. L'approccio di Marco Aurelio alla leadership sottolinea l'importanza vitale dell'introspezione e della consapevolezza di sé come elementi chiave per una guida efficace e virtuosa. Questo processo di auto-esame non è un esercizio sporadico o superficiale, ma un impegno profondo e continuo che invita il leader a interrogarsi regolarmente sulla propria motivazione, sulle proprie intenzioni e sull'impatto delle proprie azioni. Una tale pratica consente al leader di rimanere ancorato ai principi fondamentali di giustizia, onestà e benevolenza, assicurando che ogni scelta sia informata da un solido fondamento etico.

Questo incessante viaggio interiore non solo migliora la capacità del leader di prendere decisioni etiche, ma contribuisce anche a forgiare un carattere resiliente e adattabile. La riflessione consente al leader di apprendere dalle esperienze passate, sia dai successi che dagli insuccessi, e di utilizzare queste lezioni per guidare le future decisioni e azioni. Questo ciclo di apprendimento e adattamento rafforza la saggezza pratica del leader, rendendolo più attrezzato per affrontare le complesse sfide che la leadership comporta. Inoltre, l'impegno personale del leader all'auto-miglioramento e all'integrità morale funge da potente esempio per coloro che sono sotto la sua guida. Quando i membri della comunità o della squadra osservano il leader impegnarsi in un sincero esame di coscienza e sforzarsi di vivere secondo elevati standard etici, sono più propensi a emulare questi comportamenti. Questo può innescare un effetto a cascata all'interno dell'organizzazione o della società, promuovendo una cultura di responsabilità personale, di crescita continua e di rispetto reciproco.

L'abilità di costruire fiducia e rispetto, fondamentale per qualsiasi relazione leader-seguito, si radica profondamente in questa pratica di auto-riflessione e di autenticità. I leader che dimostrano di essere disposti a mettersi in discussione, a riconoscere i propri errori e a lavorare costantemente per migliorarsi ispirano fiducia. Questo non solo rende più efficace la loro guida, ma stabilisce anche una connessione più profonda e significativa con coloro che guidano, basata su valori condivisi e rispetto reciproco. Pertanto, la riflessione e l'impegno per l'auto-miglioramento non sono semplici complementi alla leadership, ma aspetti fondamentali che definiscono il modo in cui il leader si relaziona con se stesso e con gli altri, contribuendo in modo significativo alla creazione di una comunità coesa, etica e ispirata.

Nel tessuto della vita quotidiana, la leadership si manifesta in molteplici forme, estendendosi ben oltre le tradizionali posizioni di potere per infiltrarsi nelle relazioni familiari, nei contesti lavorativi, nelle comunità e, in ultima analisi, nella gestione personale. Attingendo ai principi stoici, possiamo esplorare come l'essenza della leadership etica e responsabile si intrecci con gli aspetti più ordinari dell'esistenza, offrendoci costanti opportunità di guidare con virtù e saggezza. Questa prospettiva invita a considerare la leadership non solo come un ruolo, ma come un modo di essere che impregna ogni interazione e decisione.

I principi stoici offrono una guida preziosa su come esercitare una leadership etica e responsabile in ogni ambito della vita.

1. **Leadership nella Famiglia:** La leadership familiare, intrisa dei valori stoici, va oltre il semplice ruolo di capofamiglia per abbracciare un approccio più inclusivo e partecipativo. Questo stile di guida implica una comunicazione aperta e sincera, in cui ogni membro, indipendentemente dall'età o dal ruolo, si sente ascoltato, valorizzato e compreso. L'ascolto empatico, in particolare, diventa una pratica quotidiana, dove le preoccupazioni e le aspirazioni di ciascuno vengono accolte con attenzione e cura, creando un ambiente in cui tutti si sentono parte di un insieme coeso e supportato.

   Incorporare i principi stoici nella dinamica familiare significa anche nutrire e sviluppare le virtù in ogni membro. Ciò può tradursi nell'incoraggiare la responsabilità personale, nel riconoscere e celebrare le piccole conquiste e nel confrontarsi con le difficoltà come occasioni di apprendimento e crescita collettiva. Offrire consigli saggi diventa un esercizio di equilibrio tra la guida e il permettere agli altri di fare esperienze proprie, rispettando la loro autonomia e incoraggiando la scoperta personale.

   Promuovere l'armonia in famiglia attraverso i principi stoici comporta anche la gestione dei conflitti in modo costruttivo. Affrontare le divergenze con calma, ragionevolezza e un atteggiamento aperto al compromesso dimostra come sia possibile risolvere le dispute mantenendo il rispetto reciproco e rafforzando i legami. Questo approccio contribuisce a creare un clima di fiducia e comprensione, dove le sfide vengono affrontate congiuntamente e viste come opportunità per migliorare la dinamica familiare.

   Dare l'esempio con il proprio comportamento etico è forse l'aspetto più potente della leadership familiare. Vivere quotidianamente secondo i principi di integrità, giustizia e temperanza offre ai membri della famiglia un modello di comportamento virtuoso da emulare. Questa coerenza tra parole e azioni rafforza la credibilità del leader familiare e inculca nei membri della famiglia il valore di vivere una vita allineata ai propri principi.

   In definitiva, la leadership nella famiglia arricchita dai principi stoici trasforma la casa in un laboratorio di virtù, dove ogni membro ha l'opportunità di crescere, di contribuire e di navigare le complessità della vita con un senso di scopo condiviso e di sostegno reciproco. Questa prospettiva eleva la famiglia da semplice unità sociale a comunità di apprendimento e crescita, radicata nei valori di rispetto, comprensione e amore incondizionato.

2. **Nel Lavoro e nelle Organizzazioni:** Nel contesto lavorativo e organizzativo, la leadership traspare non solo attraverso le posizioni gerarchiche, ma anche attraverso l'ethos personale e il comportamento quotidiano di ogni individuo. L'incorporazione di un approccio stoico in questo ambiente va oltre il possesso di un titolo ufficiale, permeando le interazioni quotidiane con un

senso di responsabilità etica e di rispetto reciproco. Agire con integrità, un pilastro fondamentale dello stoicismo, significa essere coerenti tra ciò che si dice e ciò che si fa, mantenendo promesse e impegni e dimostrando onestà nelle comunicazioni e nelle decisioni. Questo crea un'atmosfera di fiducia e apertura, dove la trasparenza e l'autenticità sono valutate e promosse.

Trattare i colleghi con rispetto è altrettanto cruciale per forgiare un ambiente lavorativo positivo e stimolante. Questo comporta ascoltare attivamente le idee altrui, valutare equamente i contributi di ciascuno e riconoscere il valore e la dignità di ogni persona, indipendentemente dal suo ruolo o livello. Un atteggiamento stoico in questo contesto incoraggia l'empatia e la comprensione, facilitando la collaborazione e riducendo i conflitti. Contribuire al benessere del team è un'altra manifestazione della leadership stoica sul posto di lavoro. Ciò implica sostenere gli altri nelle loro sfide professionali, promuovere un equilibrio sano tra vita lavorativa e personale e incoraggiare lo sviluppo delle competenze e delle capacità di ciascuno. Un leader che adotta principi stoici si adopera per creare un ambiente in cui i membri del team si sentono valorizzati, supportati e ispirati a dare il meglio di sé.

Guidare con l'esempio attraverso le piccole azioni quotidiane è forse l'aspetto più impattante di tutti. Dimostrare pazienza di fronte alle pressioni, mantenere la calma in situazioni stressanti, affrontare le sfide con determinazione e mostrare gratitudine per il lavoro degli altri sono tutti comportamenti che riflettono una leadership stoica autentica. Questi atti, sebbene possano sembrare modesti singolarmente, collettivamente hanno il potere di trasformare significativamente la cultura dell'organizzazione, promuovendo un clima di rispetto, di crescita condivisa e di aspirazione alla virtù.

In sintesi, l'adozione di un atteggiamento stoico nel lavoro e nelle organizzazioni arricchisce profondamente l'ambiente lavorativo, creando una cultura in cui l'integrità, il rispetto reciproco e l'impegno per il benessere collettivo sono al centro delle interazioni quotidiane. Questo non solo migliora la soddisfazione e la produttività del team, ma eleva anche il senso di scopo e di appartenenza di ciascun membro, alimentando un circolo virtuoso di leadership etica e ispirazione reciproca.

3. **Nelle Comunità e nei Gruppi Sociali:** L'influenza che possiamo esercitare nelle nostre comunità e nei gruppi sociali a cui apparteniamo è significativa, e l'adozione dei principi stoici in questi ambienti può portare a trasformazioni profonde e durature. Essere un leader nella propria comunità va oltre il semplice fare volontariato o partecipare a eventi; significa diventare un punto di riferimento morale, un ispiratore di cambiamento positivo e un sostenitore attivo delle cause che promuovono il benessere collettivo. Promuovere la giustizia sociale, uno dei pilastri dello stoicismo applicato alla comunità, implica impegnarsi in azioni e iniziative che mirano a ridurre le disuguaglianze, a combattere l'ingiustizia e a garantire che ogni membro della società abbia accesso alle stesse opportunità. Questo può significare lavorare per l'inclusione di gruppi marginalizzati, sostenere politiche eque o semplicemente difendere i diritti di chi non ha voce in capitolo. Un leader stoico in questo contesto è colui che non si tira indietro di fronte alle sfide, ma le affronta con coraggio e determinazione, ispirando gli altri a fare altrettanto.

Supportare gli altri nei momenti di bisogno è un altro aspetto fondamentale del ruolo di leader all'interno della comunità. Ciò può manifestarsi attraverso azioni dirette, come aiutare una famiglia in difficoltà o offrire sostegno emotivo a chi sta attraversando un periodo difficile, oppure attraverso il contributo a organizzazioni che forniscono servizi essenziali alla comunità. Questo tipo di leadership empatica e compassionevole rafforza il tessuto sociale e crea una rete di sostegno che può essere vitale nei momenti di crisi.

Incoraggiare la partecipazione attiva per il miglioramento collettivo è, infine, una componente cruciale della leadership comunitaria ispirata allo stoicismo. Ciò significa motivare gli altri ad essere coinvolti attivamente nella vita della comunità, sia attraverso il volontariato, sia partecipando al dibattito pubblico o sostenendo iniziative locali. Un leader stoico in questo contesto agisce come catalizzatore, stimolando l'engagement e l'impegno civico e promuovendo una cultura di responsabilità e cura reciproca.

In definitiva, essere un leader nella propria comunità secondo i principi stoici richiede dedizione, empatia e un impegno costante per il bene comune. Attraverso la promozione della giustizia sociale, il sostegno nei momenti di bisogno e l'incoraggiamento alla partecipazione attiva, possiamo non solo migliorare la qualità della vita nella nostra comunità, ma anche ispirare un cambiamento positivo che si estende ben oltre i confini locali, contribuendo alla costruzione di una società più giusta, equa e compassionevole.

4. **Leadership di Sé:** La leadership di sé rappresenta il nucleo fondamentale da cui scaturisce ogni altra forma di leadership. Praticare l'auto leadership secondo i principi stoici significa intraprendere un viaggio incessante di autoconoscenza, autodisciplina e impegno verso la propria crescita morale ed etica. Questo processo interiore richiede una dedizione costante all'autoesame, ponendo le basi per una vita vissuta con intenzionalità e proposito.

L'autodisciplina stoica non si limita alla mera restrizione o al controllo rigido delle proprie azioni; è piuttosto una questione di allineare le proprie pratiche quotidiane con i valori e gli ideali che si reputano più elevati. Questo può significare stabilire abitudini sane, resistere alle tentazioni che allontanano dalla virtù o perseverare nei propri impegni anche di fronte a difficoltà. La disciplina di sé diventa così una forma di libertà, liberando l'individuo dalle catene delle abitudini distruttive e permettendogli di vivere una vita più autentica e significativa.

L'auto-riflessione, un altro pilastro della leadership di sé, implica un esame critico e onesto delle proprie convinzioni, emozioni e comportamenti. Attraverso la pratica quotidiana della riflessione, si possono identificare aree di miglioramento, riconoscere schemi ricorrenti che ostacolano la crescita personale e sviluppare una maggiore comprensione di sé. Questa consapevolezza interna facilita la presa di decisioni consapevoli e allineate con i propri principi etici, rendendo ogni scelta un passo consapevole verso l'ideale di sé che si aspira a diventare.

Inoltre, l'adempimento del proprio dovere etico è centrale nella leadership di sé stoica. Ciò significa assumersi la responsabilità delle proprie azioni e del loro impatto sugli altri e sull'ambiente circostante. Vivere in modo etico richiede coraggio e integrità, qualità che permettono di affrontare con rettitudine le sfide della vita, di mantenere la parola data e di agire sempre con considerazione per il benessere altrui.

Attraverso la gestione delle proprie emozioni, la presa di decisioni consapevoli e l'impegno per la crescita personale, la leadership di sé si manifesta non solo in un miglioramento individuale, ma anche in un'influenza positiva sugli altri. La condotta personale diventa un modello di ispirazione, dimostrando che è possibile vivere secondo elevati standard morali e che ogni individuo ha il potere di dare forma alla propria vita e, indirettamente, al mondo circostante.

In sintesi, la leadership di sé non è un obiettivo da raggiungere una volta per tutte, ma un percorso continuo di miglioramento e riflessione. Abbracciando i principi stoici di autodisciplina, auto-riflessione e adempimento etico, si può aspirare non solo a diventare la versione migliore di sé, ma anche a esercitare una leadership positiva e trasformativa nella propria vita e nelle vite degli altri.

Esplorando la molteplicità di sfaccettature che caratterizzano la leadership, abbiamo visto e dimostrando che la sua vera essenza risiede non solo nell'influenza esercitata su altri, ma anche e soprattutto nella capacità di guidare se stessi con integrità, virtù e saggezza. Attraverso gli insegnamenti stoici, abbiamo visto come la leadership possa manifestarsi in ogni aspetto della vita quotidiana, dalla famiglia al lavoro, dalle comunità ai gruppi sociali, fino al fondamentale ambito dell'auto leadership. La guida etica e responsabile emerge come un cammino personale di crescita continua, che richiede autodisciplina, riflessione e un profondo impegno verso il bene comune. L'esempio personale si rivela l'aspetto più potente di questa leadership, capace di ispirare cambiamenti positivi e duraturi nelle persone e nella società. Questa visione allargata della leadership ci invita a riconoscere e valorizzare le nostre potenzialità come leader etici in ogni momento della nostra vita, promuovendo così un mondo più giusto, equo e compassionevole.

CAPITOLO 6: Autosufficienza e Libertà Interiore

Nell'intreccio delle nostre vite, la ricerca di una sensazione di pienezza e di indipendenza costituisce un tema ricorrente e universale. La nozione di autosufficienza, intrecciata con l'anelito alla libertà interiore, ci invita a considerare cosa significhi realmente essere padroni del proprio destino, nonostante le incessanti onde di circostanze esterne che cercano di plasmare il nostro percorso. Questa indagine ci porta a riflettere su come possiamo radicarci in una solida fondazione interiore, che ci consente di navigare con grazia e determinazione attraverso la varietà e l'imprevedibilità dell'esistenza umana. La libertà interiore e l'autosufficienza si rivelano come gemme preziose da scoprire e coltivare dentro di noi. Sviluppare un senso di autosufficienza non si limita all'indipendenza fisica o materiale, ma si estende in profondità nelle dimensioni emotive, mentali e spirituali del nostro essere. Si tratta di un viaggio che ci porta a scoprire e a fare affidamento sulle nostre risorse interne, imparando a trovare pace, forza e contentezza dentro di noi, indipendentemente dalle tempeste che possono arrivare dall'esterno.

La libertà interiore emerge come una quiete profonda, una serenità che non è scalfita dalle fluttuazioni della vita quotidiana o dalle opinioni altrui. È una condizione di autentica autodeterminazione, in cui le scelte e le azioni sono guidate da una bussola interiore che punta verso i nostri valori più profondi e i nostri principi più cari. Questa libertà è l'essenza stessa dell'autosufficienza, poiché ci permette di vivere in modo coerente con la nostra vera natura, indipendentemente dalle pressioni esterne. Esplorare il concetto di autosufficienza e libertà interiore ci porta a interrogarci sul significato della vera indipendenza e su come possiamo coltivarla nella nostra vita. Implica un'esplorazione del nostro mondo interiore, delle nostre credenze, dei nostri desideri e delle nostre paure, e ci sfida a costruire una vita che rispecchi la nostra autenticità. In questo processo, impariamo a fare affidamento sulle nostre capacità, a fidarci del nostro intuito e a trarre forza dalla nostra resilienza interiore.

In questo contesto, ci avventuriamo in un viaggio di auto-scoperta e di auto-empowerment, esplorando come l'autosufficienza e la libertà interiore possano illuminare il cammino verso una vita più soddisfacente e significativa. Questo percorso ci invita a riflettere su come possiamo essere veramente liberi: liberi di scegliere, di amare, di creare e di vivere secondo i ritmi e i valori che risuonano più profondamente con la nostra essenza.

Il concetto di autosufficienza (autarkeia), secondo lo stoicismo e le meditazioni di Marco Aurelio, non si limita a una mera indipendenza dalle necessità materiali, ma si estende a un dominio più ampio dell'esistenza umana, abbracciando l'equilibrio emotivo, la resilienza mentale e una profonda comprensione di sé. Questa qualità trasforma la percezione delle sfide e delle avversità, vedendole non come ostacoli insormontabili, ma come opportunità per rafforzare il carattere e approfondire la saggezza personale.

Per Marco Aurelio, l'autosufficienza si manifesta anche nella capacità di mantenere una calma imperturbabile di fronte ai capricci del destino e alle fluttuazioni della fortuna. Questa serenità deriva dall'accettazione che l'unico vero dominio che possediamo è su noi stessi: sulle nostre reazioni, i nostri pensieri e le nostre azioni. In questo senso, l'autosufficienza diventa sinonimo di auto-dominio, dove ogni individuo si esercita a rispondere agli eventi esterni con una deliberata tranquillità, guidata dalla ragione e non dalle emozioni incontrollate.

La pratica dello stoicismo, così come illustrata nelle riflessioni di Marco Aurelio, incoraggia l'individuo a coltivare un senso di soddisfazione interiore che non dipende dagli apprezzamenti o dalle critiche altrui, né dall'accumulo di beni materiali. Questo non significa disprezzare i piaceri o i successi della vita, ma piuttosto riconoscerne il valore relativo, senza permettere loro di definire il nostro stato di felicità o il nostro senso di identità. Inoltre, l'autosufficienza implica una costante aspirazione alla crescita personale e all'eccellenza morale. Per Marco Aurelio, vivere in armonia con sé stessi e con il mondo circostante richiede uno sforzo attivo e consapevole per migliorare, per imparare da ogni esperienza e per adempiere al proprio dovere etico in ogni circostanza. Questo processo di miglioramento continuo non solo aumenta la nostra capacità di affrontare le difficoltà con dignità e coraggio, ma arricchisce anche la nostra vita con un senso di scopo e di realizzazione.

L'autosufficienza, così come concepita nella filosofia stoica e incarnata da Marco Aurelio, rappresenta una guida preziosa verso una vita di profonda contentezza e libertà interiore. Attraverso l'adozione di questa virtù, possiamo aspirare a una serenità che trascende le circostanze esterne, radicando la nostra felicità in una solida fondazione di autoconsapevolezza, autodisciplina e integrità morale.

L'autosufficienza, secondo lo stoicismo e le meditazioni di Marco Aurelio, non si limita a una mera indipendenza dalle necessità materiali, ma si estende a un dominio più ampio dell'esistenza umana, abbracciando l'equilibrio emotivo, la resilienza mentale e una profonda comprensione di sé. Questa qualità trasforma la percezione delle sfide e delle avversità, vedendole non come ostacoli insormontabili, ma come opportunità per rafforzare il carattere e approfondire la saggezza personale. Per Marco Aurelio, l'autosufficienza si manifesta anche nella capacità di mantenere una calma imperturbabile di fronte ai capricci del destino e alle fluttuazioni della fortuna. Questa serenità deriva dall'accettazione che l'unico vero dominio che possediamo è su noi stessi: sulle nostre reazioni, i nostri pensieri e le nostre azioni. In questo senso, l'autosufficienza diventa sinonimo di auto dominio, dove ogni individuo si esercita a rispondere agli eventi esterni con una deliberata tranquillità, guidata dalla ragione e non dalle emozioni incontrollate.

La pratica dello stoicismo, così come illustrata nelle riflessioni di Marco Aurelio, incoraggia l'individuo a coltivare un senso di soddisfazione interiore che non dipende dagli apprezzamenti o dalle critiche altrui, né dall'accumulo di beni materiali. Questo non significa disprezzare i piaceri o i successi della vita, ma piuttosto riconoscerne il valore relativo, senza permettere loro di definire il nostro stato di felicità o il nostro senso di identità.

Inoltre, l'autosufficienza implica una costante aspirazione alla crescita personale e all'eccellenza morale. Per Marco Aurelio, vivere in armonia con se stessi e con il mondo circostante richiede uno sforzo attivo e consapevole per migliorare, per imparare da ogni esperienza e per adempiere al proprio dovere etico in ogni circostanza. Questo processo di miglioramento continuo non solo aumenta la nostra capacità di affrontare le difficoltà con dignità e coraggio, ma arricchisce anche la nostra vita con un senso di scopo e di realizzazione. L'autosufficienza, così come concepita nella filosofia stoica e incarnata da Marco Aurelio, rappresenta una guida preziosa verso una vita di profonda contentezza e libertà interiore. Attraverso l'adozione di questa virtù, possiamo aspirare a una serenità che trascende le circostanze esterne, radicando la nostra felicità in una solida fondazione di autoconsapevolezza, autodisciplina e integrità morale.

L'interpretazione di Marco Aurelio sull'autosufficienza come un concetto che trascende la mera autosufficienza fisica o materiale ci invita a riflettere sulla natura intrinseca della contentezza e della pace interiore. Questa visione sottolinea che, mentre le relazioni sociali e i beni materiali possono contribuire alla nostra esperienza di vita, non dovrebbero costituire il fulcro della nostra felicità o del nostro senso di realizzazione. Piuttosto, è nell'autocontrollo, nella capacità di rimanere centrati e in equilibrio di fronte alle varie circostanze della vita, che troviamo una vera e durevole serenità. Questa comprensione ci porta a valutare la ricchezza interiore come la più affidabile delle risorse. La capacità di "accontentarsi del presente e di trarre profitto da sé stessa", come Marco Aurelio eloquentemente esprime, evidenzia il valore di coltivare una mente e uno spirito resilienti. Questo non significa adagiarsi sull'attuale stato delle cose o rinunciare all'aspirazione al miglioramento, ma piuttosto riconoscere e apprezzare il valore di ciò che già possediamo, le nostre competenze, la nostra saggezza, le nostre esperienze - e utilizzarle come fondamento per costruire una vita significativa.

L'enfasi sulla saggezza e sulla consapevolezza interiore come vere fonti di contentezza ci invita a intraprendere un viaggio di auto esplorazione e di crescita personale. In questo processo, apprendiamo a distaccarci dalle aspettative imposte dalla società o dalle pressioni esterne, trovando libertà nella nostra capacità di definire il successo e la felicità in termini che risuonano con i nostri valori più profondi e autentici.

Inoltre, la pratica dell'autosufficienza, come delineata da Marco Aurelio, ci incoraggia a sviluppare una maggiore resilienza di fronte alle avversità. Imparando a contare sulle nostre risorse interne, diventiamo meno vulnerabili agli alti e bassi della fortuna, più capaci di affrontare le sfide con compostezza e meno inclini a essere sconvolti dagli eventi esterni. Infine, l'approccio di Marco Aurelio all'autosufficienza ci ricorda l'importanza dell'umiltà e della gratitudine. Riconoscendo che la vera contentezza deriva da ciò che siamo e non da ciò che abbiamo, possiamo coltivare un profondo senso di gratitudine per le semplici benedizioni della vita, dalle relazioni umane alla bellezza del mondo naturale. Questa percezione arricchisce la nostra esperienza di vita, portandoci a una più grande armonia con noi stessi e con l'universo.

L'intersezione tra autosufficienza e libertà interiore nella filosofia stoica offre un potente paradigma per la comprensione e la navigazione dell'esistenza umana. Essere autosufficienti, nel contesto stoico, equivale a possedere una fortezza interna che consente di vivere in armonia con le proprie convinzioni, indipendentemente dalle mutevoli condizioni esterne. Questa autonomia dell'anima è ciò che libera l'individuo dalle catene delle emozioni irrazionali e dalle influenze esterne che possono turbare la pace interiore.

La libertà interiore acquisita attraverso l'autosufficienza si manifesta nella capacità di rimanere imperturbabili di fronte ai cambiamenti della fortuna e nelle dinamiche della vita sociale. Per il pensiero stoico, la tranquillità non deriva dall'assenza di problemi, ma dalla capacità di affrontare le sfide con una serenità radicata nella consapevolezza di sé e nella fiducia nelle proprie forze interiori. Questo non solo consente di vivere con coerenza rispetto ai propri principi, ma anche di esercitare una maggiore libertà di scelta nelle decisioni quotidiane, scegliendo percorsi che sono in linea con i propri valori fondamentali anziché essere dettati da paure o desideri transitori. Inoltre, l'autosufficienza stoica incoraggia la pratica della moderazione e del controllo degli impulsi, promuovendo uno stile di vita in cui il piacere e il dolore non dettano le azioni dell'individuo. Questo approccio alla vita aiuta a coltivare una disposizione equanime, in cui la felicità non dipende da circostanze esterne come il successo materiale o il riconoscimento sociale, ma piuttosto dal perseguimento della virtù e dal mantenimento dell'equilibrio interiore.

L'adozione di questa prospettiva consente di navigare le complessità della vita con una maggiore resilienza, accettando le avversità come parte integrante dell'esperienza umana e utilizzandole come opportunità per rafforzare il carattere e approfondire la comprensione di sé. Questa resilienza, radicata nell'autosufficienza e nella libertà interiore, permette di affrontare con fiducia le incertezze della vita, armati con la saggezza per discernere ciò che è sotto il nostro controllo e la forza per accettare ciò che non lo è.

In ultima analisi, l'autosufficienza e la libertà interiore si combinano per creare una vita di profondo significato e soddisfazione, dove l'individuo può prosperare nella sua unicità, sostenuto da una comprensione stoica del mondo e da una solida fiducia nelle proprie capacità di navigare il viaggio della vita con grazia e dignità.

La riflessione e l'autoesame, come sottolineato da Marco Aurelio, sono fondamentali per coltivare l'autosufficienza e sbloccare la libertà interiore. Questo processo di introspezione profonda ci invita a scrutare i recessi più intimi della nostra mente e del nostro spirito, esaminando le nostre convinzioni, i nostri valori e le nostre reazioni emotive. Attraverso questa pratica, siamo in grado di riconoscere schemi di pensiero disfunzionali o credenze radicate che potrebbero limitare il nostro potenziale o influenzare negativamente il nostro benessere.

L'autoesame stoico va oltre la semplice autoanalisi; è un invito all'autenticità, un processo per distillare la nostra essenza più pura e allineare la nostra vita con essa. Questo richiede coraggio e onestà, poiché potremmo scoprire aspetti di noi stessi che necessitano di trasformazione o abitudini profondamente radicate che richiedono un cambiamento. Tuttavia, è proprio attraverso questa sfida che possiamo crescere e maturare, liberandoci dalle catene delle dipendenze esterne e dalle aspettative altrui. Incorporando la riflessione quotidiana e l'autoesame, ci apriamo alla possibilità di vivere con maggiore intenzionalità. Questo ci consente di fare scelte più consapevoli, guidate da una comprensione interna piuttosto che da impulsi esterni. In questo modo, la nostra vita diventa un riflesso dei nostri valori più profondi, e ogni azione diventa un'espressione della nostra autenticità. Questa pratica di introspezione contribuisce anche alla nostra resilienza, poiché sviluppiamo una maggiore capacità di affrontare le avversità con equanimità. Comprendendo che molti dei nostri conflitti interni e delle nostre sofferenze derivano da percezioni errate o da attaccamenti non necessari, possiamo adottare un approccio più distaccato e sereno nei confronti delle sfide della vita. Questa serenità interiore ci permette di trovare pace e contentezza nelle situazioni più semplici, riconoscendo la bellezza e il significato nascosti nelle esperienze quotidiane.

Infine, la pratica stoica della riflessione e dell'autoesame non solo arricchisce la nostra vita con una più profonda comprensione di noi stessi, ma ci permette anche di contribuire in modo più significativo al mondo che ci circonda. Con una maggiore consapevolezza delle nostre forze interne e una visione più chiara del nostro posto nel mondo, possiamo agire con maggiore compassione, saggezza e virtù, influenzando positivamente coloro che ci circondano e lasciando un'impronta duratura sulla tessitura della vita umana.

L'autosufficienza, così come viene interpretata attraverso gli insegnamenti di Marco Aurelio e i principi dello stoicismo, ci invita a intraprendere un percorso di emancipazione personale che poggia sulle fondamenta della virtù e della forza interiore. Questo approccio filosofico non solo promuove un senso di contentezza e pace indipendenti dalle fluttuazioni esterne, ma ci orienta anche verso un'esistenza più armoniosa e significativa, profondamente radicata nei nostri valori più autentici.

Per coltivare l'autosufficienza nella vita quotidiana, è essenziale avviare un dialogo interiore costante e significativo, esaminando le proprie convinzioni, i desideri e le motivazioni con un occhio critico ma compassionevole. Questo esercizio di auto-riflessione ci permette di discernere ciò che è veramente importante per noi, distaccandoci dalle aspirazioni imposte dalla società o dalle pressioni esterne che spesso ci allontanano dal nostro vero sé. L'incorporazione di pratiche quotidiane che rafforzano la nostra resilienza e la nostra autonomia emotiva è altrettanto cruciale. Questo può includere la meditazione, la scrittura riflessiva o la dedizione a attività che nutrono lo spirito e la mente, come l'arte, la lettura o il contatto con la natura. Tali pratiche non solo arricchiscono la nostra esperienza interna, ma ci aiutano anche a stabilire una connessione più profonda con il presente, valorizzando ogni momento della nostra esistenza.

L'adozione di uno stile di vita semplice e intenzionale, in cui le decisioni sono guidate da considerazioni etiche e da un senso di soddisfazione personale piuttosto che dalla ricerca incessante di piacere o dall'accumulo di beni materiali, è un altro aspetto fondamentale dell'autosufficienza stoica. Questo non significa rinunciare ai piaceri della vita, ma piuttosto trovare gioia e appagamento in ciò che è essenziale e autenticamente gratificante. Infine, il cammino verso l'autosufficienza implica anche il riconoscimento dell'importanza delle relazioni umane basate sulla reciprocità, sul rispetto e sulla comprensione condivisa. Pur mantenendo la nostra indipendenza interiore, possiamo tessere legami significativi che arricchiscono la nostra vita e quella degli altri, creando una rete di sostegno mutuo che riflette i nostri valori più elevati.

Attraverso la pratica dell'autosufficienza, impariamo a navigare la vita con maggiore sicurezza, serenità e scopo, forgiando un'esistenza che non solo è in armonia con i nostri principi interni, ma che contribuisce anche positivamente al mondo che ci circonda. Questo processo di trasformazione personale non solo ci libera dalle dipendenze esterne, ma ci apre anche a una nuova dimensione di libertà e realizzazione personale.

CAPITOLO 7: Alcune Considerazioni

Mentre giungiamo al termine di questo percorso di esplorazione dei principi stoici, ci troviamo davanti a un invito alla riflessione, un momento per considerare come le profonde intuizioni di Marco Aurelio e la saggezza dello stoicismo possano essere intessute nel tessuto delle nostre vite quotidiane. Questi insegnamenti non sono meri esercizi intellettuali o dottrine astratte, ma piuttosto strumenti vitali, destinati a essere vissuti, respirati e applicati in ogni aspetto della nostra esistenza. I temi che abbiamo navigato - dalla comprensione della realtà e del nostro posto in essa, alla gestione delle emozioni, all'autosufficienza e alla libertà interiore - offrono una bussola per affrontare con maggiore saggezza e serenità le sfide e le opportunità che la vita ci presenta.

Questo capitolo vuole essere un richiamo all'azione, un incoraggiamento a mettere in pratica le lezioni apprese. Ogni giorno ci offre innumerevoli momenti per esercitare la pazienza, il coraggio, la giustizia e la temperanza, sia nelle circostanze ordinarie sia in quelle più impegnative. È nel quotidiano che possiamo realmente mettere alla prova la forza e l'applicabilità dei principi stoici, dalla gestione di piccole frustrazioni come un ritardo imprevisto, a sfide più significative come il cambiamento di carriera o le difficoltà relazionali. Per integrare veramente la saggezza stoica nella vita di tutti i giorni, è essenziale coltivare un'abitudine costante di autoesame e riflessione profonda. Dedicare tempo a considerare le proprie esperienze alla luce della filosofia stoica può trasformare la maniera in cui percepiamo e reagiamo agli eventi della vita. Ponetevi domande quali: "In che modo posso applicare l'approccio stoico a questa situazione? Qual è l'opportunità di crescita qui presente?". Questa pratica di introspezione non solo aiuta a internalizzare i concetti stoici, ma fornisce anche una fonte di motivazione e ispirazione per riconoscere e apprezzare i progressi personali.

È importante riconoscere che il percorso verso l'assimilazione dei principi stoici nella propria vita non è sempre diretto o privo di ostacoli. Ci saranno momenti di dubbio, sfide e forse anche passi falsi. Tuttavia, è proprio attraverso queste prove che i principi stoici vengono veramente messi alla prova e che la nostra comprensione e resilienza possono crescere. Accogliete ogni difficoltà non come un insuccesso, ma come un insegnante, una preziosa occasione per praticare la virtù, la pazienza e la perseveranza.

Inoltre, il cammino verso la piena integrazione dei principi stoici nella vita quotidiana si arricchisce attraverso la condivisione e il dialogo con gli altri. Parlate delle vostre riflessioni, delle vostre scoperte e delle vostre sfide con amici, familiari o all'interno di comunità di persone che condividono interessi simili. Questo scambio di idee e esperienze non solo può offrire nuove prospettive e sostegno, ma può anche ispirare gli altri a intraprendere il proprio viaggio di crescita personale attraverso la saggezza stoica.

Infine, abbracciare i principi stoici significa anche riconoscere e celebrare la bellezza e il valore delle piccole gioie e delle semplici verità della vita. Nel nostro impegno per vivere con virtù e saggezza, non dimentichiamo di apprezzare i momenti di connessione, le meraviglie della natura, l'arte, la musica e tutte le espressioni dell'esperienza umana che arricchiscono la nostra esistenza.

In ultima analisi, vivere secondo i principi stoici è un impegno per una vita di continua crescita, scoperta e autenticità. È un invito a vivere ogni giorno con intenzionalità, trasformando consapevolmente ogni sfida in un'opportunità di apprendimento e ogni momento in un'espressione di virtù. La filosofia stoica, con la sua enfasi sull'auto dominio, sulla saggezza e sull'armonia interiore, ci guida a forgiare un'esistenza che non solo rispecchia i nostri principi più profondi, ma che diventa anche fonte di ispirazione e di guida per coloro che incrociano il nostro cammino. Mentre procediamo in questo viaggio di integrazione dei principi stoici nella nostra vita, è cruciale mantenere una mente aperta e un cuore disposto all'apprendimento. Ogni persona, ogni esperienza e ogni momento possono offrirci preziose lezioni, se solo siamo disposti ad ascoltare e ad osservare con attenzione. La filosofia stoica ci insegna che la saggezza non è un possesso statico, ma una ricerca continua, una sete di conoscenza e di comprensione che ci accompagna per tutta la vita.

In questo processo, la pratica della gratitudine riveste un ruolo chiave. Essere grati non solo per i successi e le gioie, ma anche per le difficoltà e le prove, ci permette di abbracciare pienamente la ricchezza dell'esistenza umana. La gratitudine ci aiuta a riconoscere il valore di ogni esperienza, trasformando gli ostacoli in gradini verso una maggiore comprensione e apprezzamento della vita. La comunità gioca anche un ruolo essenziale in questo percorso. Mentre ci sforziamo di vivere secondo i principi stoici, circondarsi di individui che condividono visioni e valori simili può offrire un sostegno inestimabile. Insieme, possiamo costruire spazi di dialogo e di crescita reciproca, dove le sfide vengono affrontate con solidarietà e le vittorie celebrate con gioia condivisa. Questo senso di appartenenza e di connessione non solo arricchisce la nostra esperienza personale, ma rafforza anche il tessuto sociale, promuovendo un modello di vita basato sulla virtù, sull'empatia e sul rispetto reciproco.

È anche importante riconoscere che l'integrazione dei principi stoici nella vita quotidiana è un percorso personale e unico per ciascuno. Ciò che funziona per una persona potrebbe non essere adatto per un'altra. Pertanto, è fondamentale ascoltare la propria voce interiore e seguire il proprio istinto nel modellare una pratica stoica che rispecchi la propria individualità e le proprie circostanze di vita. La filosofia stoica offre un quadro flessibile e adattabile che ciascuno può interpretare e applicare nel modo che ritiene più autentico e significativo. Infine, abbracciare pienamente i principi stoici richiede coraggio, il coraggio di affrontare onestamente se stessi, di sfidare le proprie paure e limitazioni, e di vivere con coerenza e integrità anche quando ciò può sembrare difficile o controcorrente. Tuttavia, è proprio in questo impegno coraggioso che risiede la vera libertà e la vera realizzazione. Vivere in armonia con i principi stoici ci permette di navigare il viaggio della vita con una bussola interna salda, guidati da una visione chiara di ciò che conta davvero e sostenuti da una forza interiore inesauribile.

In questo modo, la pratica dei principi stoici diventa più di una semplice filosofia di vita; diventa un'arte, un modo di essere che illumina ogni aspetto della nostra esistenza e ci permette di vivere con pienezza, saggezza e autentica contentezza. Mentre continuiamo a camminare su questo sentiero, teniamo a mente che ogni passo è parte di un viaggio più grande, un viaggio che ci trasforma e ci eleva, permettendoci di realizzare il nostro pieno potenziale come esseri umani.

CAPITOLO 8: Il Rapporto con gli Altri: Empatia e Comunità

Nel cuore della filosofia stoica e delle meditazioni di Marco Aurelio giace un profondo esame del rapporto tra l'individuo e gli altri. Questo aspetto cruciale della sua riflessione si concentra su come vivere in armonia con coloro che ci circondano, riconoscendo l'interconnessione e la reciprocità che caratterizzano l'esistenza umana. La visione di Marco Aurelio sul rapporto con gli altri si radica nell'empatia, nel senso di comunità e nell'impegno per il benessere collettivo, offrendo preziosi spunti su come possiamo navigare le nostre relazioni interpersonali con saggezza e compassione. Marco Aurelio, con la sua prospettiva stoica, pone l'accento sull'importanza dell'empatia come strumento per comprendere e connettersi profondamente con gli altri. L'empatia, secondo il suo pensiero, non è semplicemente la capacità di condividere o comprendere le emozioni altrui, ma è un profondo riconoscimento dell'universalità dell'esperienza umana. Ogni individuo affronta le proprie battaglie, gioie e dolori, e l'empatia ci permette di vedere oltre le nostre differenze superficiali, riconoscendo il nucleo comune che ci unisce.

La visione stoica del rapporto con gli altri include anche il senso di appartenenza a una comunità più ampia. Marco Aurelio ci ricorda che non siamo esseri isolati, ma parti di un grande mosaico umano, legati gli uni agli altri da una miriade di fili invisibili. Questa consapevolezza della nostra interdipendenza ci spinge a considerare l'impatto delle nostre azioni non solo sulla nostra vita, ma anche sul benessere degli altri e sul tessuto stesso della società. Vivere in armonia con gli altri, quindi, significa agire con giustizia, gentilezza e rispetto, contribuendo positivamente alla collettività e al suo progresso.

L'impegno per il bene comune è un altro tema centrale nel rapporto con gli altri secondo Marco Aurelio. Ogni individuo, indipendentemente dal proprio ruolo o status, ha la responsabilità di contribuire al benessere della comunità. Questo non significa solo assistere gli altri nei momenti di bisogno, ma anche promuovere valori di equità, di tolleranza e di solidarietà, lavorando insieme per costruire una società più giusta e compassionevole.

In questo capitolo, esploreremo in dettaglio come applicare queste lezioni stoiche nelle nostre relazioni quotidiane, esaminando come possiamo coltivare rapporti più profondi e significativi attraverso l'empatia, il senso di comunità e l'impegno attivo per il benessere collettivo. Attraverso la riflessione e la pratica di questi principi, possiamo non solo arricchire la nostra vita personale, ma anche contribuire alla creazione di un mondo in cui le relazioni umane sono caratterizzate da comprensione, rispetto e amore reciproco.

Nell'approfondire la filosofia di Marco Aurelio riguardo il rapporto con gli altri, emerge una dimensione ricca di sfumature che va oltre la semplice interazione sociale. Questa visione implica una profonda consapevolezza di come le nostre azioni, parole e persino pensieri influenzino coloro che ci circondano, tessendo una rete di reciprocità e interconnessione che definisce l'essenza stessa della comunità umana.

Uno degli aspetti fondamentali di questa relazionalità, secondo Marco Aurelio, è il rispetto della dignità altrui. Ogni individuo, indipendentemente dal suo contesto o dalle sue azioni, possiede un'intrinseca dignità che merita rispetto. Questo non solo riguarda il trattamento equo e giusto degli altri, ma si estende anche alla capacità di perdonare e comprendere. Il perdono, in questo contesto, non è visto come un atto di condiscendenza, ma come una manifestazione di forza interiore e di comprensione della fallibilità umana, inclusa la nostra. L'ascolto attivo è un'altra componente cruciale del rapporto con gli altri che Marco Aurelio valorizza profondamente. Ascoltare non significa semplicemente udire le parole altrui, ma impegnarsi in un processo di comprensione empatica, cercando di percepire il significato profondo e le emozioni sottostanti. Questo tipo di ascolto crea uno spazio di accoglienza e di sicurezza, dove gli altri si sentono visti e ascoltati, favorendo un dialogo genuino e costruttivo.

Inoltre, la filosofia di Marco Aurelio enfatizza l'importanza dell'azione altruistica e del servizio verso gli altri. Ogni gesto di gentilezza, ogni atto di assistenza o supporto, porge le basi per una comunità più coesa e solidale. Questi atti di generosità non solo aiutano chi è in difficoltà, ma rafforzano anche il senso di appartenenza e di unità all'interno della collettività, ricordandoci che il benessere degli altri contribuisce direttamente al nostro.

La tolleranza e l'accettazione delle differenze sono altri principi cardine che Marco Aurelio incoraggia nel rapporto con gli altri. In un mondo variegato, dove le divergenze di opinione, cultura e stile di vita sono inevitabili, la tolleranza diventa un ponte verso la comprensione reciproca e la pace sociale. Accettare e valorizzare le differenze arricchisce la nostra esperienza di vita, offrendoci nuove prospettive e stimolando la crescita personale e collettiva.

Per ultima ma non per importanza, la costruzione di relazioni autentiche e significative si basa sulla condivisione di valori comuni e sull'impegno reciproco a vivere secondo principi di virtù e integrità. La relazione con gli altri, in questo senso, diventa un cammino condiviso verso l'eccellenza morale, dove ciascuno si impegna a essere la migliore versione di sé, ispirando e sostenendo gli altri a fare altrettanto.

Attraverso queste riflessioni, è possibile vedere come il rapporto con gli altri, così come inteso da Marco Aurelio, sia intrinsecamente legato alla pratica quotidiana della virtù e dell'etica stoica. Ogni interazione, ogni incontro diventa un'occasione per esercitare e manifestare la nostra umanità, tessendo insieme un tessuto sociale più ricco, compassionevole e rispettoso, dove ogni individuo è valorizzato e sostenuto nella sua ricerca di significato e felicità.

CAPITOLO 9: Il Destino: Accettazione e Collaborazione con l'Ordine Cosmico

Nella filosofia di Marco Aurelio e nelle correnti più ampie dello stoicismo, il concetto di destino occupa un posto di rilievo, intrecciandosi con nozioni di determinismo, libertà e la capacità dell'individuo di vivere in armonia con l'ordine naturale dell'universo. Questa visione del destino non è fatalista nel senso restrittivo del termine, ma invita piuttosto a una profonda accettazione della realtà così com'è, unita a un impegno attivo per agire virtuosamente all'interno dei limiti che questo ordine impone.

Per Marco Aurelio, comprendere il destino significa riconoscere che molti aspetti della vita sono al di fuori del nostro controllo diretto. Questa consapevolezza non deve condurre alla passività o alla rassegnazione, ma piuttosto all'accettazione serena delle circostanze, accompagnata dalla determinazione a esercitare la nostra libertà interiore e la nostra capacità di scelta dove possibile. "Accetta con serenità ciò che non puoi cambiare, ma impegna con coraggio ogni sforzo per cambiare ciò che puoi", potrebbe sintetizzare questa prospettiva. Il destino, nella visione stoica, è inteso come il Logos, il principio razionale che governa l'universo, tessendo insieme cause ed effetti in un ordine cosmico coerente e armonioso. In questo contesto, ogni evento, anche quelli che percepiamo come negativi o indesiderati, ha il suo posto nell'economia generale delle cose. L'accettazione di questa realtà cosmica ci libera dall'angoscia di cercare di controllare l'incontrollabile, permettendoci di concentrarci sulle nostre azioni e sulle nostre reazioni, che rimangono sempre sotto la nostra giurisdizione.

Marco Aurelio incoraggia a vedere il destino non come un nemico da temere o sfidare, ma come un flusso con il quale collaborare. Questo invita a una forma di resilienza che è attiva e creativa, che cerca modi per allinearsi con il corso degli eventi, piuttosto che opporvisi. In questo senso, il destino diventa un partner nella danza della vita, con il quale possiamo muoverci in sincronia, trovando opportunità di crescita e apprendimento anche nelle situazioni più difficili.

In questo capitolo, esploreremo in maniera approfondita come l'atteggiamento verso il destino proposto da Marco Aurelio possa offrirci spunti per una vita più equilibrata e armoniosa. Inoltre, vedremo come l'accettazione del destino, unita all'azione virtuosa e deliberata, possa trasformare la nostra esperienza quotidiana, consentendoci di navigare le acque talvolta turbolente dell'esistenza con grazia, forza e saggezza. Rifletteremo su come, pur essendo immersi in una trama di cause ed effetti che va oltre la nostra comprensione e controllo, possiamo comunque esercitare un significativo grado di libertà nella scelta di come vivere, come reagire e come contribuire al bene comune, in coerenza con l'ordine cosmico.

Nell'approfondire il tema del destino, ci si imbatte in una ricca tessitura di idee che ci spingono a riflettere sul nostro posto nell'universo e sul modo in cui interagiamo con le forze che lo governano. Il destino, per lo stoicismo, non è un semplice susseguirsi di eventi predeterminati, ma piuttosto una trama complessa nella quale la nostra volontà e le nostre azioni svolgono un ruolo cruciale.

La filosofia di Marco Aurelio ci insegna che, pur essendo parti di un grande schema cosmico, abbiamo la capacità di vivere in modo autentico, esercitando la nostra virtù e il nostro discernimento. La vera saggezza sta nel riconoscere ciò che è in nostro potere e ciò che non lo è, per concentrare le nostre energie sulle nostre risposte morali e pratiche agli eventi della vita. In questo senso, il destino diventa un campo di prova per il nostro carattere, un luogo dove la nostra integrità e la nostra forza interiore possono essere coltivate e manifestate. Inoltre, la visione del destino di Marco Aurelio ci incoraggia a riflettere sulla natura interconnessa dell'esistenza. Ogni nostra azione, ogni decisione, si inserisce in una rete di cause ed effetti che si estende ben oltre l'ambito personale, influenzando gli altri e l'ambiente che ci circonda. Questa consapevolezza ci spinge a considerare le implicazioni più ampie delle nostre scelte, promuovendo un senso di responsabilità verso il benessere collettivo e l'armonia universale.

La filosofia stoica, e in particolare gli insegnamenti di Marco Aurelio, ci invita anche a vedere il destino come un maestro. Ogni esperienza, piacevole o dolorosa che sia, ci offre lezioni preziose sulla vita, su noi stessi e sulle realtà più profonde dell'esistenza. Abbracciare questa prospettiva ci permette di affrontare le avversità con coraggio e serenità, vedendole come opportunità per la crescita personale e spirituale, piuttosto che come ostacoli insormontabili. La rassegnazione attiva al destino, un concetto chiave dello stoicismo, non implica passività, ma una partecipazione consapevole alla vita, accettando ciò che non possiamo cambiare e agendo con determinazione su ciò che possiamo influenzare. Questo equilibrio tra accettazione e azione ci fornisce una bussola morale che guida le nostre scelte e il nostro comportamento, consentendoci di vivere in piena coerenza con i nostri valori e principi.

Infine, contemplare il destino attraverso la lente stoica ci ricorda l'importanza dell'umiltà. Riconoscere che siamo parte di qualcosa di più grande di noi stessi ci libera dall'ego e dalla presunzione, aprendoci a un più profondo apprezzamento della meraviglia e della complessità del mondo. In questo stato di apertura e di meraviglia, possiamo trovare una pace profonda e una gioia autentica, radicate non nella conquista o nel possesso, ma nel semplice essere in armonia con il fluire della vita.

Attraverso queste riflessioni, il concetto di destino diventa non solo un tema filosofico da esplorare, ma una guida pratica per vivere una vita ricca di significato, resilienza e armonia, in sintonia con le leggi profonde dell'universo e con la nostra essenza più autentica.

CAPITOLO 10: La Libertà di Volontà: Navigare tra Destino e Autodeterminazione

Nel cuore del pensiero stoico e delle riflessioni di Marco Aurelio si trova una profonda indagine sulla natura della libertà umana, in particolare riguardo alla libertà di volontà. Questo concetto, fondamentale nella filosofia stoica, esplora il delicato equilibrio tra il riconoscimento delle forze del destino che modellano il corso della vita e il potere intrinseco dell'individuo di esercitare la propria volontà, facendo scelte consapevoli allineate con i principi della virtù e della saggezza.

Marco Aurelio, imperatore e filosofo, era profondamente consapevole delle tensioni esistenti tra le circostanze esterne, spesso al di fuori del controllo individuale, e la sfera interna dell'autodeterminazione. La sua visione della libertà di volontà non nega l'importanza o l'impatto degli eventi esterni; piuttosto, la colloca nel contesto di una comprensione più ampia dell'esistenza umana, dove il vero potere risiede nella capacità di rispondere a tali eventi con integrità, resilienza e aderenza ai valori etici. Per Marco Aurelio, la libertà di volontà è intimamente legata alla nozione di responsabilità personale. Ogni individuo ha il dovere di coltivare la propria ragione, di esercitare il giudizio critico e di fare scelte che riflettano non solo l'interesse personale, ma anche il benessere collettivo e l'armonia con l'ordine naturale. In questo senso, la libertà non è semplicemente la capacità di agire in assenza di costrizioni, ma piuttosto la capacità di scegliere il bene, di perseguire la virtù e di vivere in modo consapevole e intenzionale, anche di fronte alle difficoltà.

Uno degli aspetti più illuminanti della concezione stoica della libertà di volontà è la distinzione tra ciò che è in nostro potere e ciò che non lo è. Marco Aurelio insiste sull'importanza di concentrarsi sulle nostre azioni, reazioni e atteggiamenti interni - l'ambito in cui la nostra volontà ha la massima libertà di espressione. Accettare che alcuni aspetti della vita sfuggano al nostro controllo ci libera da inutili frustrazioni e ci permette di dedicare le nostre energie alla sfera della nostra autentica influenza. In questo contesto, la libertà di volontà assume una dimensione profondamente etica e spirituale. Non si tratta solo di scegliere tra diverse opzioni esterne, ma di forgiare il proprio carattere, di sviluppare la saggezza interiore e di allineare la propria vita con principi universali di giustizia, coraggio, moderazione e saggezza. La libertà, quindi, diventa sinonimo di autorealizzazione e di espressione della propria umanità più elevata.

La pratica quotidiana della libertà di volontà, come ci insegna Marco Aurelio, richiede vigilanza, disciplina e un impegno costante per l'auto-miglioramento. Ogni decisione, ogni scelta di risposta alle avversità, diventa un'espressione della nostra libertà interiore, un momento in cui possiamo esercitare la nostra volontà in modo che rifletta i nostri valori più profondi. In questo processo, scopriamo che la vera libertà non risiede nell'assenza di ostacoli, ma nella nostra capacità di affrontarli con dignità, mantenendo la nostra integrità e la nostra fede nei principi etici.

Ciò che andremo a fare in questo capitolo, sarà un'approfondita esplorazione della ricca dimensione della libertà di volontà attraverso la lente del pensiero di Marco Aurelio, esaminando come possiamo applicare questo principio fondamentale nella nostra vita quotidiana. Rifletteremo, inoltre, su come la libertà di volontà ci permetta di navigare le complessità dell'esistenza con agilità e determinazione, trovando significato e soddisfazione nel nostro impegno per vivere virtuosamente, in armonia con noi stessi e con il mondo che ci circonda. Questa esplorazione ci porta a riconoscere la libertà di volontà come una forza che ci consente di trascendere le limitazioni imposte dalle circostanze, trasformando gli ostacoli in trampolini di lancio per la crescita personale e spirituale.

Nel cuore della libertà di volontà sta la scelta consapevole di rispondere alle situazioni con una prospettiva costruttiva, cercando il valore e l'opportunità nascosti anche nei momenti più difficili. Questo atteggiamento proattivo non solo dimostra la nostra autonomia di fronte alle forze esterne, ma rafforza anche il nostro senso di agenzia, ricordandoci che abbiamo sempre la capacità di dare forma alla nostra esperienza di vita attraverso le decisioni che prendiamo e le azioni che intraprendiamo.

L'approccio di Marco Aurelio alla libertà di volontà ci invita anche a considerare il nostro contributo al tessuto sociale e al benessere collettivo. La nostra capacità di esercitare la volontà non si limita alla sfera personale, ma si estende all'impatto che possiamo avere sulle vite degli altri e sulla società nel suo insieme. Attraverso scelte guidate da considerazioni etiche e dall'empatia, possiamo diventare agenti di cambiamento positivo, utilizzando la nostra libertà per promuovere la giustizia, la pace e l'armonia all'interno delle nostre comunità. Inoltre, la pratica della libertà di volontà nel contesto stoico richiede un costante equilibrio tra l'accettazione di ciò che è al di fuori del nostro controllo e l'impegno attivo per migliorare ciò che possiamo influenzare. Questo equilibrio ci permette di rimanere centrati e focalizzati sui nostri obiettivi etici, senza essere sopraffatti dal tumulto degli eventi esterni o dalla frenesia delle emozioni irrazionali.

La contemplazione della libertà di volontà porta con sé una profonda umiltà, poiché ci rendiamo conto dell'interdipendenza di tutte le cose e della nostra connessione con un ordine cosmico più ampio. Questa consapevolezza ci spinge a esercitare la nostra volontà con saggezza e discernimento, tenendo sempre presente l'impatto delle nostre scelte sull'equilibrio generale dell'universo. La libertà di volontà ci sfida a vivere con autenticità, ad essere veri con noi stessi e con i nostri principi più elevati. Nella filosofia di Marco Aurelio, la libertà diventa una celebrazione della nostra essenza più profonda, un invito a esprimere la nostra unicità e a realizzare il nostro potenziale umano in ogni aspetto della vita.

CAPITOLO 11: Il Dolore: Resilienza e Trasformazione nella Visione di Marco Aurelio

Il dolore, un tema universale che tocca ogni vita umana, occupa uno spazio significativo nel pensiero di Marco Aurelio e nell'ampio orizzonte della filosofia stoica. Il modo in cui affrontiamo il dolore, sia fisico sia emotivo, è al centro di una profonda indagine sul significato della sofferenza, sulla natura della resilienza umana e sulla capacità di trasformare le esperienze dolorose in opportunità di crescita personale e spirituale.

Per Marco Aurelio, il dolore non è un nemico da evitare a tutti i costi, ma piuttosto una parte inevitabile dell'esistenza umana, un aspetto del destino con il quale dobbiamo imparare a convivere. Tuttavia, questa accettazione non implica passività o rassegnazione; al contrario, il dolore diventa un terreno fertile per l'esercizio della virtù, per la pratica della saggezza e per lo sviluppo della forza interiore. Un esempio emblematico del modo in cui Marco Aurelio affronta il tema del dolore si trova nelle sue "Meditazioni", dove esorta: "Non agitarti, preparati a incontrare ciò che accade come se fosse ciò che tu desideravi che accadesse". Questa massima riflette l'approccio stoico alla sofferenza: una prospettiva che invita a riconoscere il dolore come parte dell'ordine naturale delle cose, spingendoci ad adottare un atteggiamento di accettazione attiva e di collaborazione con le circostanze della vita.

Marco Aurelio enfatizza anche l'importanza della distinzione tra il dolore fisico e la sofferenza emotiva che spesso lo accompagna. Mentre il primo può essere inevitabile, il secondo è largamente influenzato dalle nostre interpretazioni, dai nostri giudizi e dalle nostre reazioni interne. Questo ci porta alla consapevolezza che una grande parte della nostra sofferenza è costruita dalla mente e che possediamo la capacità di modulare la nostra risposta emotiva al dolore, riducendo così il peso della sofferenza attraverso la razionalità e il controllo di sé.

La visione di Marco Aurelio sul dolore ci invita anche a riflettere sul valore della compassione, sia verso noi stessi sia verso gli altri. Nel riconoscere il dolore come esperienza comune a tutta l'umanità, siamo spinti a sviluppare empatia e solidarietà, tessendo legami di comprensione e supporto reciproco. In questo modo, il dolore può diventare un ponte che ci unisce agli altri, un mezzo attraverso il quale possiamo coltivare la gentilezza e rafforzare il senso di comunità. Inoltre, ci ricorda che il dolore può essere un potente catalizzatore per la crescita personale. Le sfide e le avversità che incontriamo ci offrono l'opportunità di testare e rafforzare il nostro carattere, di affinare la nostra resilienza e di approfondire la nostra comprensione della vita. Ogni esperienza dolorosa porta con sé insegnamenti preziosi, se siamo disposti ad accoglierli, permettendoci di evolvere e di maturare come individui.

La filosofia stoica, e in particolare le riflessioni di Marco Aurelio sul dolore, ci offre una prospettiva ricca e sfaccettata su come affrontare la sofferenza. Questo approccio non nega il dolore, ma ci insegna a navigarlo con saggezza, coraggio e dignità, trasformando le nostre prove in occasioni di crescita e di arricchimento interiore. Attraverso questo capitolo, esploreremo in profondità come possiamo applicare questi insegnamenti nella nostra vita, imparando a vedere il dolore non come un ostacolo insormontabile, ma come un passaggio cruciale nel nostro viaggio di trasformazione e di realizzazione personale.

L'approccio di Marco Aurelio al dolore si estende anche alla riflessione sul ruolo che la mente gioca nella percezione e nell'elaborazione della sofferenza. Il filosofo imperatore ci guida a comprendere che il modo in cui inquadriamo mentalmente il dolore può influenzare profondamente la nostra esperienza dello stesso. Incoraggiando una visione che distingue tra il fatto oggettivo del dolore e la narrazione soggettiva che costruiamo intorno ad esso, Marco Aurelio offre una via per mitigare l'intensità della nostra sofferenza emotiva attraverso la revisione e la trasformazione dei nostri schemi di pensiero.

In questo contesto, la pratica della riflessione diventa uno strumento vitale. Attraverso l'esame coscienzioso dei nostri pensieri e delle nostre reazioni al dolore, possiamo gradualmente imparare a distanziarci dalle interpretazioni automatiche e spesso negative che tendiamo a generare in risposta alla sofferenza. Questo processo di distanziamento mentale non equivale a negare il dolore, ma a riconoscere che abbiamo la scelta su come rispondere ad esso, una scelta che può portare a una maggiore pace interiore e resilienza.

Marco Aurelio sottolinea anche l'importanza di radicarsi nel presente come antidoto alla sofferenza. Il dolore è spesso amplificato dalla nostra tendenza a rivivere mentalmente le esperienze passate o ad anticipare con ansia potenziali futuri disagi. Concentrandoci invece sul momento attuale, possiamo alleggerire il peso delle nostre preoccupazioni e paure, riconoscendo che molte delle sofferenze che immaginiamo non si materializzano mai. Questa presenza mentale ci permette di affrontare il dolore in modo più gestibile e contenuto, riducendo il suo impatto sulla nostra vita complessiva. La dimensione sociale del dolore è un altro aspetto cruciale esplorato da Marco Aurelio. Egli ci ricorda che, sebbene la sofferenza sia un'esperienza personale, non dobbiamo affrontarla in isolamento. La condivisione delle nostre lotte e delle nostre vulnerabilità può aprire spazi di mutuo sostegno e comprensione, rafforzando i legami umani e fornendo conforto e incoraggiamento. Questo scambio empatico non solo allevia il peso del dolore individuale, ma costruisce anche una comunità più coesa, in cui i membri si sostengono reciprocamente nelle avversità.

Infine, la visione di Marco Aurelio sul dolore ci invita a considerare la transitorietà di tutte le esperienze umane. Riconoscendo che il dolore, come ogni altra condizione della vita, è impermanente, possiamo coltivare una sorta di serenità filosofica che ci permette di attraversare i periodi di sofferenza con una rinnovata speranza e una rinnovata forza. Questa consapevolezza della natura effimera del dolore ci ispira a valorizzare i momenti di gioia e di pace quando si presentano e a mantenere una prospettiva equilibrata attraverso le inevitabili fluttuazioni della vita. Incorporando questi approfondimenti nella nostra comprensione e gestione del dolore, possiamo trarre ispirazione dalla saggezza stoica di Marco Aurelio per vivere vite più ricche, più resilienti e più radicate nella virtù, nonostante e attraverso le sfide che il destino ci riserva.

CAPITOLO 12: Il Perdono: Comprensione e Riconciliazione nella Saggezza di Marco Aurelio

Nel tessuto complesso della filosofia stoica e delle riflessioni personali di Marco Aurelio, il concetto di perdono emerge come una potente forza di guarigione, comprensione e crescita interiore. Il perdono, secondo Marco Aurelio, non è solo un atto altruistico verso gli altri, ma un fondamentale esercizio di auto-liberazione che permette all'individuo di liberarsi dai pesi del risentimento, della rabbia e del dolore interiore.

Un esempio significativo del pensiero di Marco Aurelio sul perdono si trova nelle sue "Meditazioni", dove afferma: "Quando qualcuno ti fa del male, comprendi che egli si fa del male a se stesso. Decidi di non sentirti offeso e di non voler restituire il danno. Così facendo, non farai nulla di male a te stesso e a lui non farai altro che bene". Questa citazione mette in luce la visione di Marco Aurelio sul perdono come una scelta consapevole che libera l'individuo dalle catene del disprezzo e apre la strada alla compassione e all'empatia. Per Marco Aurelio, il perdono inizia con la comprensione che ogni persona agisce secondo la propria percezione del bene, spesso influenzata da ignoranza, confusione o dolore. Questo riconoscimento ci porta a una profonda empatia per coloro che ci hanno fatto del male, permettendoci di vedere oltre i loro atti e di riconoscere la comune umanità che condividiamo. In questo senso, il perdono diventa un atto di profonda comprensione umana, un riconoscimento che, sotto la superficie degli errori e delle mancanze, c'è una ricerca condivisa di felicità e significato.

Il perdono, tuttavia, non implica la passività o l'accettazione acritica dell'ingiustizia. Al contrario, Marco Aurelio ci insegna che il perdono richiede forza e coraggio, poiché comporta la scelta di rispondere al male non con la vendetta, ma con la saggezza e la virtù. Questa scelta non solo ci libera dalle catene emotive che ci legano agli altri in un ciclo di negatività, ma trasforma anche le nostre relazioni, promuovendo la pace e la riconciliazione. Inoltre, il perdono secondo Marco Aurelio è intimamente legato alla pratica della riflessione personale e dell'autoesame. Riconoscere i nostri stessi errori, le nostre debolezze e le occasioni in cui abbiamo causato sofferenza agli altri ci umanizza e ci rende più inclini alla compassione. Questo processo di introspezione ci porta a una maggiore comprensione di noi stessi e degli altri, rafforzando la nostra capacità di perdonare e di essere perdonati.

Il perdono è anche una pratica che contribuisce al benessere collettivo. Nelle comunità dove il perdono è valorizzato e praticato, si osserva una maggiore armonia sociale, una maggiore capacità di superare i conflitti e una più profonda connessione tra le persone. Marco Aurelio, con la sua visione orientata alla comunità, riconosce il perdono come un elemento chiave per la costruzione di una società più giusta, pacifica e compassionevole.

Infine, nella visione stoica, esso è un cammino verso la libertà interiore. Liberandoci dal fardello delle vecchie rancori e aprendo il nostro cuore alla comprensione e alla compassione, possiamo trovare una pace profonda e una serenità che trascendono le circostanze esterne. Questo stato di libertà interiore ci permette di vivere in armonia con noi stessi, con gli altri e con l'ordine naturale dell'universo.

Dopo l'approfondimento fornito da questo capitolo, risulterà immediatamente più chiaro il concetto di perdono nella filosofia di Marco Aurelio, analizzando, inoltre, come possiamo incorporare questa pratica nella nostra vita quotidiana. Attraverso la comprensione, l'empatia e la saggezza stoica, il perdono si rivela non solo come un percorso etico verso gli altri, ma anche come una via di profonda trasformazione personale.

L'adozione del perdono nel tessuto della nostra vita quotidiana richiede un costante esercizio di autocontrollo e di saggezza. Marco Aurelio ci guida a considerare il perdono non come un atto singolo o un momento isolato, ma come una disposizione costante del cuore e della mente. Questo orientamento al perdono ci invita a coltivare la pazienza, la tolleranza e un profondo senso di pace interiore, che insieme fungono da fondamenta per una vita vissuta in piena consonanza con i principi stoici.

Nella pratica del perdono, è fondamentale sviluppare la capacità di distinguere tra l'atto dannoso e la persona che lo ha commesso. Questa distinzione ci permette di riconoscere che, sebbene un'azione possa essere fonte di dolore o danno, non definisce interamente l'essenza di chi l'ha compiuta. Questa comprensione apre la strada alla possibilità di riconciliazione e di guarigione, consentendoci di liberarci dal ciclo del rancore e di avviare un dialogo costruttivo, anche nelle circostanze più difficili. Il perdono, inoltre, ci invita a esplorare il significato più ampio del dolore e del conflitto nella nostra crescita personale. Marco Aurelio, attraverso la sua meditazione sulla natura transitoria della vita e sulla comune condizione umana, ci ricorda che ogni esperienza, anche quelle dolorose, porta con sé una lezione e un'opportunità di evoluzione. Abbracciare il perdono significa quindi aprire le porte alla trasformazione personale, vedendo in ogni sfida un invito a elevare il nostro spirito e a raffinare il nostro carattere.

Questo processo di trasformazione attraverso il perdono si estende anche alle nostre relazioni, offrendo l'opportunità di costruire legami più autentici, resilienti e compassionevoli. Nel perdonare e nel cercare il perdono, riconosciamo la nostra reciproca vulnerabilità e la nostra condivisa aspirazione alla felicità e al benessere, rafforzando così il tessuto di connessione che ci unisce agli altri.

Incorporare il perdono nella nostra vita ci porta anche a riflettere sul concetto di giustizia e su come possiamo perseguirla in modo equo e compassionevole. Marco Aurelio ci esorta a trovare un equilibrio tra il riconoscimento e la rettifica del torto e la preservazione della dignità e del benessere di tutti gli individui coinvolti. Questa visione della giustizia, radicata nel perdono e nella comprensione, promuove una comunità più armoniosa e solidale, in cui i conflitti possono essere risolti in modo costruttivo e guaritore. Infine, il percorso del perdono ci conduce a una più profonda connessione con la nostra essenza spirituale. Nel liberarci dalle catene del risentimento e dell'ira, ci avviciniamo a uno stato di serenità e di chiarezza interiore che riflette la nostra vera natura. Questa pace interna ci permette di affrontare la vita con una rinnovata forza e saggezza, guidati dalla luce della virtù stoica e dall'inesauribile capacità del cuore umano di amare, comprendere e perdonare.

Attraverso un'esplorazione approfondita del perdono nella visione di Marco Aurelio, questo capitolo si propone di ispirare una riflessione profonda su come possiamo vivere più pienamente, trasformando il dolore e il conflitto in ponti verso una maggiore comprensione, crescita personale e armonia con il mondo che ci circonda. Il perdono emerge così non solo come un ideale etico, ma come una pratica quotidiana che arricchisce la nostra esperienza umana, rafforzando il nostro impegno per una vita guidata dalla saggezza, dalla compassione e dalla ricerca incessante della virtù.

CONCLUSIONE: Il Cammino Continuo e Riflessioni Finali

Mentre ci avviciniamo alla conclusione di questo viaggio attraverso i pensieri e le riflessioni di Marco Aurelio, è importante fermarsi un momento per contemplare il percorso che abbiamo intrapreso. Ogni capitolo, ogni tema esplorato, ci ha offerto preziosi spunti su come vivere una vita guidata dalla virtù, dalla saggezza e dalla comprensione profonda della nostra natura umana e del mondo che ci circonda. La filosofia di Marco Aurelio, radicata nello stoicismo, ci invita a una continua ricerca interiore, a un costante impegno verso l'auto crescita e alla pratica di una vita eticamente orientata.

Abbiamo esplorato concetti fondamentali come la natura della realtà, il ruolo dell'individuo all'interno del cosmo, la relazione tra ragione ed emozione, e temi profondamente umani come il dolore, il perdono, e la libertà di volontà. In ogni argomento, abbiamo cercato di trovare il modo in cui questi antichi insegnamenti possono risuonare nelle nostre vite moderne, offrendo una bussola morale e spirituale per navigare le sfide e le complessità del nostro tempo. La visione di Marco Aurelio ci ricorda che, nonostante i secoli che ci separano dalla sua epoca, le questioni fondamentali dell'esistenza umana rimangono sorprendentemente costanti. Le nostre lotte interne, i nostri desideri di significato e connessione, la nostra ricerca di serenità e comprensione, sono echi di quelle stesse riflessioni che occupavano la mente dell'imperatore-filosofo. In questo senso, Marco Aurelio non è solo una figura storica da ammirare, ma un compagno di viaggio, un mentore che ci guida attraverso i labirinti della vita con la sua saggezza senza tempo.

Questo libro non deve essere inteso come una conclusione definitiva, ma piuttosto come un punto di partenza. Le idee e i principi che abbiamo discusso sono destinati a essere vissuti, sperimentati e integrati nella trama quotidiana delle nostre esistenze. La filosofia stoica, con la sua enfasi sull'autodisciplina, sulla responsabilità personale e sulla connessione con la natura universale, offre strumenti potenti per affrontare non solo le questioni personali, ma anche le sfide globali che caratterizzano il nostro tempo. Mentre procediamo nel nostro cammino, è essenziale mantenere uno spirito di apertura, di umiltà e di curiosità. Le lezioni apprese da Marco Aurelio e dagli stoici non sono dogmi rigidi, ma piuttosto inviti alla riflessione, al dialogo interiore e alla continua trasformazione personale. Ogni giorno ci offre nuove opportunità per mettere in pratica questi insegnamenti, per affinare il nostro carattere e per contribuire, nel nostro piccolo, alla costruzione di un mondo più giusto, compassionevole e saggio.

In questa conclusione, vogliamo quindi invitare ogni lettore a considerare come i principi stoici possano essere applicati nella propria vita, come possono illuminare le proprie scelte, le proprie relazioni e il proprio percorso di crescita. La filosofia di Marco Aurelio ci insegna che, nonostante le inevitabili sfide e sofferenze che incontriamo, abbiamo sempre la capacità di scegliere la nostra risposta, di cercare la virtù e di trovare significato e bellezza nell'esperienza umana.

Continuando dal punto in cui ci siamo lasciati, è importante sottolineare che la filosofia di Marco Aurelio e lo stoicismo in generale non sono solo sistemi di pensiero da contemplare in modo astratto, ma piuttosto vie di vita da incarnare attraverso le nostre azioni quotidiane. La vera essenza di questi insegnamenti sta nella loro applicazione pratica, nel modo in cui possono trasformare la nostra esperienza di vita, rendendoci più resilienti, compassionevoli e radicati nella realtà del momento presente.

Uno degli aspetti fondamentali che emerge dalla filosofia stoica è l'importanza della comunità e del nostro ruolo all'interno di essa. Marco Aurelio, pur essendo un imperatore, enfatizzava costantemente il valore dell'umiltà e il senso di responsabilità verso il benessere collettivo. Questo ci ricorda che, indipendentemente dalla nostra posizione o dal nostro status sociale, abbiamo tutti un contributo da offrire alla società. La nostra libertà di volontà si manifesta non solo nelle scelte personali, ma anche nell'impegno attivo per il bene comune.

In questo contesto, la pratica dello stoicismo ci invita a riflettere su come possiamo essere di servizio agli altri, su come possiamo utilizzare le nostre risorse, le nostre competenze e i nostri talenti per contribuire a un mondo più equo e compassionevole. Questo non significa negare le nostre aspirazioni o sacrificare i nostri bisogni, ma piuttosto trovare un equilibrio in cui il perseguimento della felicità personale si armonizza con l'impegno verso il progresso collettivo.

Un altro aspetto cruciale che emerge dalla filosofia di Marco Aurelio è la relazione con la natura e il riconoscimento della nostra interconnessione con il mondo vivente. In un'epoca in cui le questioni ambientali assumono un'importanza sempre maggiore, gli insegnamenti stoici ci ricordano l'importanza di vivere in armonia con l'ambiente che ci circonda. Questo richiede una consapevolezza profonda delle conseguenze delle nostre azioni e delle scelte di consumo, nonché un impegno a praticare la sostenibilità e a promuovere un rapporto rispettoso e custodiale con la Terra.

Inoltre, la filosofia stoica, con il suo accento sulla forza interiore e sulla resilienza, offre preziose intuizioni su come affrontare le sfide personali e globali con coraggio e determinazione. In un mondo in rapido cambiamento, dove le incertezze e le difficoltà sembrano sempre più insormontabili, la saggezza di Marco Aurelio ci serve da faro, illuminando un cammino di speranza, di adattamento e di continua ricerca della virtù.

La pratica quotidiana della filosofia stoica ci invita anche a una profonda riflessione interiore, a un costante esame della nostra condotta, delle nostre intenzioni e dei nostri valori. Questo processo di auto-indagine non è sempre facile; può portarci a confrontarci con aspetti di noi stessi che preferiremmo ignorare. Tuttavia, è proprio in questo lavoro interiore che risiede la possibilità di una vera trasformazione, di un rinnovamento del nostro essere che ci permette di vivere con maggiore autenticità e integrità.

Infine, la filosofia di Marco Aurelio e lo stoicismo ci ricordano che, nonostante le tempeste della vita, possediamo sempre un rifugio interiore, un centro di serenità e stabilità al quale possiamo attingere. Coltivare questa pace interiore, questa "cittadella interiore" come la chiamava Marco Aurelio, ci permette di affrontare le avversità con equanimità e di navigare il flusso della vita con grazia e saggezza.

Questo viaggio attraverso la filosofia di Marco Aurelio ci invita a una continua esplorazione di noi stessi e del mondo che ci circonda, a una pratica vivente dei principi stoici che può arricchire ogni aspetto della nostra esistenza. Ci lasciamo con l'invito a portare questi insegnamenti nella propria quotidianità per poter conoscere aspetti di noi stessi che non conoscevamo e per poter apprendere da essi il più possibile.

Made in the USA
Las Vegas, NV
04 August 2024

93180876R00037